Nova Latina

Book 3

R C Bass

Nova Latina Book 3

© R C Bass 2023

First published: 2023

ISBN 979 8 3901142 0 9

This printing: April 2023

All rights reserved. Subject to the exception immediately following, this book may not be reproduced, in whole or in part, in any form, without written permission from the publisher.

The author has made an online version of this work available via email as a free pdf download under a Creative Commons Attribution-NonCommercial-Share Alike 4.0 International Public Licence. The terms of the licence can be viewed at http://creativecommons.org

Also available via Amazon:

Nova Latina Book 1 ISBN 979 8 5991905 3 0
Nova Latina Book 1 Specimen Answers ISBN 979 8 7228054 2 3
Nova Latina Book 2 ISBN 979 8 8399011 0 0
Streamlined Greek ISBN 978 0 9576725 8 1
Streamlined Greek Answer Book ISBN 978 0 9576725 9 8
Prep School Greek: A workbook leading to CE Level 1 ISBN 978 0 9576725 7 4
More Prep School Greek: A workbook leading to CE Level 2 ISBN 978 1 5272261 3 5
Latin as an Honour Book 1 ISBN 978 0 9576725 0 5
Latin as an Honour Book 2 ISBN 978 0 9576725 3 6
Latin as an Honour Book 3 ISBN 978 0 9576725 4 3
Latin as an Honour Answer Book ISBN 978 0 9576725 5 0
Prep School Latin Book 1 ISBN 978 1 0897232 2 6
Prep School Latin Book 2 ISBN 978 1 6871152 0 1
Prep School Latin Book 3 ISBN 978 1 6871929 2 9
Prep School Latin Book 4 ISBN 978 1 6887813 1 3
Prep School Latin: A Handbook for Students and Teachers ISBN 978 0 9576725 6 7

Published by Galore Park:
Latin Vocabulary for Key Stage 3 ISBN 978 0 9036276 6 5
Latin Pocket Notes ISBN 978 1 9070477 1 8

Typeset by R C Bass

Miloni

Contents

Introduction to the Teacher		iii
Chapter 54	*The Trojan Aeneas urges his friends to abandon Troy.* The passive voice: present passives	1
Chapter 55	How to translate *by* into Latin	6
Chapter 56	The Story of Odysseus (Part 1) *Ulysses (Odysseus) and the end of the war.* Perfect passives; *hic* and *ille*	8
Chapter 57	The Story of Odysseus (Part 2) *Odysseus reaches the land of the Lotus Eaters.* 5th declension nouns; the pluperfect passive; the verb *eo*, to go	17
Chapter 58	The Story of Odysseus (Part 3) *Odysseus finds his three missing sailors.* *volo*, *nolo*; passive infinitives; time; more about numbers	24
Chapter 59	The Story of Odysseus (Part 4) *Odysseus deals with his three missing sailors.* Imperfect and future passive; the verb *fero*	33
Chapter 60	The Story of Odysseus (Part 5) *Odysseus and his men leave the land of the Lotus Eaters.* *celer*; the relative pronoun *qui quae quod*	37
Chapter 61	The Story of Odysseus (Part 6) *Odysseus and his men get a surprise.* *idem*; *ipse*	42
Chapter 62	The Story of Odysseus (Part 7) *Trapped by Polyphemus.* Indirect statements	45
Chapter 63	The Story of Odysseus (Part 8) *Panic!* Place	48
Chapter 64	The Story of Odysseus (Part 9) *Polyphemus is tricked by Odysseus.* Revision	52
	Reading Passages in Workbook Format	61

Reference Section		73
List 1:	Vocabulary Checklist	74
List 2:	Principal Parts Checklist	79
English-into-Latin Sentences Revision		
List 3a:	Latin only checklist	82
List 3b:	English-Latin alphabetical	83
List 3c:	English-Latin by word-type	85
List 3d:	English-Latin word groupings	87
Grammar Reference		
List 4a:	Grammatical terms	89
List 4b:	Nouns	91
List 4c:	Adjectives	93
List 5:	Pronouns	98
List 6:	Other tables	99
List 7:	Verbs	102
Level 1 Revision Check-list		107
Level 2 Revision Check-list		108
Level 3 Revision Check-list		109
List 8:	English-Latin Quick Reference	110
List 9:	Latin-English Quick Reference	116

Nova Latina Book 3

Introduction to the Teacher

This volume provides continuity and progression from Book 2, its grammar and vocabulary being mapped exactly to the new CE Level 3 specification. It follows the quasi-workbook and two-way vocabulary approach of Books 1 and 2.

A pdf of this volume is available free of charge and on request via email. Colleagues should feel free to circulate these to their pupils, preferably within their own establishment only, and perhaps buy at least a single hard copy! A slim volume of specimen answers will also be available.

Once again I am very grateful to Nicholas Richards and his sharp-eyed pupils for trialling Nova Latina 3 in the classroom and bringing all sorts of slips to my attention. I am always happy to receive feedback on matters general or specific.

R C Bass
April 2023
robertcharlesbass@gmail.com
www.rcbass.co.uk

Nova Latina Book 3

Chapter 54: Aeneas and some fellow Trojans escape from Troy
The passive voice: present passives

Exercise 54.1

The Trojan Aeneas urges his friends to abandon Troy.

1 Graeci urbem Troiam delebant. multos milites Troianos necabant. multa templa <u>incendebant</u>. multos cives capiebant. Aeneas <u>princeps</u> Troianus erat. ubi milites Graecos in media urbe <u>stantes</u> vidit, amicos
5 <u>convocavit</u> et haec verba eis dixit:

'amici, urbs nostra <u>a</u> Graecis <u>capitur</u>. in maximo periculo sumus. milites nostri <u>necantur</u>. templa nostra <u>incenduntur</u>. cives nostri <u>capiuntur</u>. effugere debemus. arma capite! <u>domos</u> relinquite! naves
10 parate! statim <u>discedamus</u>!'

arma igitur <u>a</u> Troianis <u>capiuntur</u>. <u>domus relinquuntur</u>. naves <u>parantur</u>. Aeneas et amici prope naves <u>conveniunt</u> et ex urbe Troia celeriter discedunt.

incendo, -ere, incendi 3 = I set on fire, I burn
princeps, principis m. = chieftain
stantes = standing
convoco (1) = I call together

a/ab + abl. = by
capitur = is being captured
necantur = are being killed
incenduntur = are being burned
capiuntur = are being captured
domos = homes
discedamus! = let's leave!

capiuntur = are taken
domus = homes
relinquuntur = are abandoned
parantur = are prepared
convenio, -ire, -veni (4) = I meet

(a copy of this passage in workbook format can be found on page 62.)

Exercise 54.2

1. From the passage above, give, in Latin, an example of:

   a. a verb in the imperfect tense; ....

   b. a verb in the perfect tense; ....

   c. a superlative adjective. ....

2. **dixit** (line 5). For this verb, give:

   a. its person; ....

   b. its number; ....

   c. its tense; ....

   d. the first person singular of its present tense. ....

3. **amici** (line 6). In which case is this noun? ....

4. **celeriter** (line 13). Explain the connection between this word and the English word *accelerate*.

   ....

   ....

Vocabulary Box 43a	
convenio, -ire, conveni (4)	I meet
princeps, principis m.	chieftain

Vocabulary Box 43b	
chieftain	princeps, principis m.
I meet	convenio, -ire, conveni (4)

1

The Voices – Active and Passive

The verbs you have met so far have all been in what is called the **active voice**: the subject is performing an action. e.g. *The boy is watching*.

You are now meeting verbs in what is called the **passive voice**: the subject is being acted upon. e.g. *The boy is being watched*.

Compare these examples:

Active verbs	Passive verbs
I carry	I am carried.
They wound.	They are wounded.
We sent.	We were sent.
You will eat.	You will be eaten.
He has destroyed.	He has been destroyed.

Here is the present passive of *amo*:

Present passive, 1st conjugation	
am**or**	I am (being) loved
am**aris**	You (sg) are (being) loved
am**atur**	He/She/It is (being) loved
am**amur**	We are (being) loved
am**amini**	You (pl) are (being) loved
am**antur**	They are (being) loved

Exercise 54.3

Translate into English:

1. amamur.
2. portatur.
3. vulnerantur.
4. aedificatur.
5. portor.
6. liberamur.
7. nuntiatur.
8. laudamini.
9. necantur.
10. spectamini.

And here are the *moneo*-type verbs: note the giveaway *e* between the stem and the endings.

Present passive, 2nd conjugation	
mon**eor**	I am (being) warned
mon**eris**	You (sg) are (being) warned
mon**etur**	He/She/It is (being) warned
mon**emur**	We are (being) warned
mon**emini**	You (pl) are (being) warned
mon**entur**	They are (being) warned

Exercise 54.4

Translate into English:

1. monetur. ....
2. videmini. ....
3. moveris. ....
4. tenetur ....
5. terreris. ....
6. timetur. ....
7. delentur. ....
8. videntur. ....
9. monemini. ....
10. iubemur. ....

And the *rego/capio*-type verbs:

Present passive, 3rd and mixed conjugation	
reg**or**	I am (being) ruled
reg**eris**	You (sg) are (being) ruled
reg**itur**	He/She/It is (being) ruled
reg**imur**	We are (being) ruled
reg**imini**	You (pl) are (being) ruled
reg**untur**	They are (being) ruled

Present passive, 3rd and mixed conjugation	
reg**or**	I am (being) ruled
reg**eris**	You (sg) are (being) ruled
reg**itur**	He/She/It is (being) ruled
reg**imur**	We are (being) ruled
reg**imini**	You (pl) are (being) ruled
reg**untur**	They are (being) ruled

Exercise 54.5

Translate into English:

1. regimur.
2. ponitur.
3. capimini.
4. defenditur.
5. interficiuntur.
6. occidimini.
7. mitteris.
8. traduntur.
9. vincuntur.
10. iacitur.

Exercise 54.6

Translate into Latin:

1. We are being wounded.
2. I am being set free.
3. He is being watched.
4. It is being built.
5. They are being carried.
6. She is being prepared.
7. They are being killed.
8. You (pl) are being praised.
9. We are loved.
10. I am wounded.

Exercise 54.7

Translate into Latin:

1. They are destroyed.
2. You (sg) are warned.
3. He is feared.
4. We are seen.
5. I am ordered.
6. She is being held.
7. It is being moved.
8. We are ordered.
9. It is being destroyed.
10. You (pl) are feared.

Exercise 54.8

Translate into Latin:

1. We are conquered.
2. He is led back.
3. We are being killed.
4. You (pl) are defended.
5. They are captured.
6. It is thrown.
7. They are handed over.
8. You (sg) are put.
9. They are killed.
10. We are being led.

4

Present passive, 4th conjugation	
aud**ior**	I am (being) heard
aud**iris**	You (sg) are (being) heard
aud**itur**	He/She/It is (being) heard
aud**imur**	We are (being) heard
aud**imini**	You (pl) are (being) heard
aud**iuntur**	They are (being) heard

Exercise 54.9

Translate into English:

1. auditur.
2. inveniuntur.
3. punior.
4. audimini.
5. puniris.
6. punimur.
7. invenitur.
8. audiris.
9. audiuntur.
10. punitur.

Exercise 54.10

Translate into English:

1. gladius militem vulnerat.
2. miles gladio vulneratur.
3. iuvenis librum legit.
4. liber a iuvene legitur.
5. servi cibum parant.
6. cibus a servis paratur.
7. magister pueros laudat.
8. pueri a magistro laudantur.
9. hostes urbem oppugnant.
10. urbs ab hostibus oppugnatur.

Exercise 54.11

Translate into English:

1. ventus naves delet.
2. naves vento delentur.
3. hostes nos non amant.
4. nos ab hostibus non amamur.
5. pueri magistrum amant.
6. magister a pueris amatur.
7. cives regem vulnerant.
8. rex a civibus vulneratur.
9. puer urbem videt.
10. urbs a puero videtur.

Chapter 55
How to translate *by* into Latin

by + a person = a/ab + ablative   e.g. *The town is being arracked <u>by the enemy</u>.*
                                       oppidum **ab hostibus** oppugnatur.

by + a thing = ablative only   e,g, *The town is being attacked <u>by arrows</u>.*
                                       oppidum **sagittis** oppugnatur.

Exercise 55.1

Translate into Latin:

1. by the boys
2. by father
3. by a spear
4. by the enemy
5. by swords
6. by a storm
7. by courage
8. by the citizens
9. by danger
10. by a soldier

Exercise 55.2

Translate into Latin:

1. by a friend
2. by soldiers
3. by death
4. by a boy
5. by gifts
6. by danger
7. by the masters
8. by the sister
9. by the allies
10. by name

Exercise 55.3

Translate into English:

1. ab hostibus spectamur.
2. hostes gladiis occiduntur.
3. a domino mittor.
4. a patre amor.
5. a magistro laudaris.
6. milites sagittis vulnerantur.
7. a servo portatur.
8. a domino liberantur.
9. a militibus capimini.
10. a regina reguntur.

Exercise 55.4

Translate into English:

1. Sparta, urbs Graeca, a Menelao regitur.
2. Helena a Paride, viro Troiano, capitur.
3. Helena ad urbem Troiam a Paride ducitur.
4. multi milites a Menelao vocantur.
5. multae naves a Graecis parantur.
6. naves trans mare ad urbem Troiam mittuntur.
7. Troia a Graecis diu oppugnatur.
8. multi viri fortissimi in bello occiduntur.
9. equus maximus prope urbem relinquitur.
10. urbs Troia a Graecis tandem capitur.

Exercise 55.5

Translate into Latin:

1. The town is being attacked by the enemy.

2. The town is being attacked by arrows.

3. The boys are being praised by the teacher.

4. A villa is being built by the slaves.

5. The city is being captured by the Romans.

6. The prisoners are being punished by the soldiers.

7. The ships are being destroyed by a storm.

8. A letter is being written by the poet.

9. Dinner is being prepared by the mistress.

10. A horse is being built by the Greeks.

Handy Vocabulary
(these are listed in order of occurrence in the exercise)

Nouns				Verbs	
town	oppidum, -i n.	soldier	miles, militis m.	attack	oppugno (1)
enemy	hostes, -ium m.pl.	ship	navis, -is f.	praise	laudo (1)
arrow	sagitta, -ae f.	storm	tempestas, -tatis f.	build	aedifico (1)
boy	puer, pueri m.	letter	epistula, -ae f.	capture	capio (3½)
teacher	magister, -tri m.	poet	poeta, -ae m.	punish	punio (4)
villa	villa, -ae f.	dinner	cena, -ae f.	destroy	deleo (2)
city	urbs, urbis f.	mistress	domina, -ae f.	write	scribo (3)
Romans	Romani m.pl.	horse	equus, -i m.	prepare	paro (1)
prisoner	captivus, -i m.				

Nova Latina Book 3

Chapter 56: The Story of Odysseus (Part 1)
perfect passives; hic and ille

Exercise 56.1

Ulysses (Odysseus) and the end of the war.

1 urbs Troia a Graecis <u>capta est</u>. Ulixes <u>ipse</u> laetissimus erat. <u>hic</u> erat <u>qui</u> Graecos <u>illum</u> equum <u>ligneum</u> aedificare iusserat. nunc <u>haec</u> verba comitibus dixit:

'amici, <u>gens</u> Graeca felicissima est. nos a deis
5 amamur. nonne a nobis Troia <u>capta est</u>? a nobis muri <u>illius</u> urbis <u>deleti sunt</u>. a nobis templa <u>deleta sunt</u>. <u>paene</u> omnes principes <u>illorum</u> Troianorum a nobis <u>interfecti sunt</u>. magna pecunia a nobis <u>capta est</u>. multa <u>praemia</u> habemus. <u>illa</u> Helena, <u>quae</u> a Menelao
10 magnopere amatur, ad Graeciam nunc reducitur. <u>credite</u> mihi, amici! mox omnes ad Graeciam <u>redibimus</u>! mox uxores nostras filiosque nostros filiasque nostras iterum videbimus!'

diu tamen Ulixes uxorem suam, <u>Penelopen</u> nomine,
15 non vidit. <u>neque</u> filium suum, <u>Telemachum</u> nomine, vidit. <u>multos annos</u> cum comitibus trans mare erravit et maxima pericula <u>subiit</u>.

capta est = was/has been taken
ipse = himself
hic = this (man); he
qui = who
illum = that
ligneus, -a, -um = wooden
haec = these
illius = of that
deleti/deleta sunt = were/have been destroyed
paene = almost
illorum = of those
interfecti sunt = were/have been killed
praemium, -i n. prize, reward
illa = that
quae = who
credo, -ere, credidi (3) + dat. = I believe, trust
redibimus = we shall return

Penelopen is the acc. of Penelope
neque = nor/and ... not
Telemachus, -i m. = Telemachus
multos annos = for many years
subiit = he underwent

(a copy of this passage in workbook format can be found on page 63.)

Exercise 56.2

1. From the passage above, give, in Latin, an example of:

   a. a superlative adjective;

   b. a verb in the pluperfect tense;

   c. a noun in the ablative case.

2. **dixit** (line 3). For this verb, give:

   a. its person;

   b. its number;

   c. its tense;

   d. the first person singular of its present tense.

3. **amici** (line 4). In which case is this noun?

4. **nomine** (line 14). Explain the connection between this word and the English word *nominate*.

Vocabulary Box 44a

paene	almost
credo, -ere, credidi (3) + dat.	I believe, trust
interficio, -ere, interfeci (3½)	I kill
neque *or* nec	nor/and ... not
praemium, -i n.	prize, reward
gens, gentis f.	race, tribe

Vocabulary Box 44b

almost	paene
I believe, trust	credo, -ere, credidi (3) + dat.
I kill	interficio, -ere, interfeci (3½)
nor/and ... not	neque *or* nec
prize, reward	praemium, -i n.
race, tribe	gens, gentis f.

The Perfect Passive

This indicates an action which was done to someone or something once in the past.

e.g. *He was wounded. We were punished. They were seen.*

Study these examples from the last reading passage. The perfect passives – which in Latin consist of two words – are underlined:

Troia <u>capta est</u>.	*Troy <u>was captured</u> / <u>has been captured</u>.*
muri <u>deleti sunt</u>.	*The walls <u>were destroyed</u> / <u>have been destroyed</u>.*
templa <u>deleta sunt</u>.	*The temples <u>were destroyed</u> / <u>have been destroyed</u>.*
omnes principes <u>interfecti sunt</u>.	*All the chieftains <u>were killed</u> / <u>have been killed</u>.*
pecunia <u>capta est</u>.	*Money <u>was taken</u>.*

How to work out the perfect passive

Latin formation: PPP (perfect participle passive) + *sum, es, est, sumus, estis, sunt*

To form the PPP:
Take the 4th principal part, ending in *-um*, and replace the final *m* with an *s*.
(e.g. I destroy: deleo, delere, delevi, **delet<u>um</u>** gives a PPP delet<u>us</u>)

This gives you a word ending in *-us* which behaves like the nominatives of *bonus*. So, the six possible endings are:

	masculine	feminine	neuter
singular	-us	-a	-um
plural	-i	-ae	-a

The ending of the PPP **must** agree with the subject.

Study these examples:

The wall was destroyed.	murus delet**us** est.	(*wall* is masculine singular)
The walls were destroyed.	muri delet**i** sunt.	(*walls* is masculine plural)
The ship was destroyed.	navis delet**a** est.	(*ship* is feminine singular)
The ships were destroyed.	naves delet**ae** sunt.	(*ships* is feminine plural)
The temple was destroyed.	templum delet**um** est.	(*temple* is neuter singular)
The temples were destroyed.	templa delet**a** sunt.	(*temples* is neuter plural)

So here is a sample of a perfect passive, using *amo* as the example:

amatus, -a, -um	sum	*I was loved*
amatus, -a, -um	es	*You (sg) were loved*
amatus, -a, -um	est	*He/she/it was loved*
amati, -ae, -a	sumus	*We were loved*
amati, -ae, -a	estis	*You (pl) were loved*
amati, -ae, -a	sunt	*They were loved*

Exercise 56.3
Give the perfect participle passive of each of the following verbs.

1. moneo, monere, monui, monitum (2), I warn.
2. rego, regere, rexi, rectum (3), I rule.
3. audio, audire, audivi, auditum (4), I hear.
4. porto, portare, portavi, portatum (1), I carry.
5. interficio, interficere, interfeci, interfectum (3½), I kill.
6. video, videre, vidi, visum (2), I see.
7. vinco, vincere, vici, victum (3), I conquer.
8. iacio, iacere, ieci, iactum (3½), I throw.
9. dico, dicere, dixi, dictum (3), I say.
10. punio, punire, punivi, punitum (4), I punish.

Exercise 56.4
Translate into English:

1. visus est.
2. visa est.
3. visi sunt.
4. portatae sumus.
5. victi sunt.
6. interfectus est.
7. interfecti sumus
8. interfecta est.
9. interfecti sunt.
10. punitus est.

Exercise 56.5
Translate into English:

1. missus sum.
2. capta est.
3. capti estis.
4. puniti sumus.
5. auditi sunt.
6. missus est.
7. missa est.
8. ducta est.
9. dictum est.
10. monitus es.

Exercise 56.6

Translate into English:

1. captivus punitus est.
2. pueri puniti sunt.
3. puella visa est.
4. puellae visae sunt.
5. templum aedificatum est.
6. tela iacta sunt.
7. templa aedificata sunt.
8. Romani victi sunt.
9. libertus vulneratus est.
10. senex interfectus est.

Exercise 56.7

Translate into English:

1. oppidum oppugnatum est.
2. oppida oppugnata sunt.
3. milites moniti sunt.
4. maritus monitus est.
5. pater amatus est.
6. mater amata est.
7. verba audita sunt.
8. voces auditae sunt.
9. urbs deleta est.
10. lux visa est.

Exercise 56.8

Translate into Latin:

1. A letter was written.
2. Presents were given.
3. The old men were killed.
4. The boys were ordered.
5. Wars were made.
6. Books were read.
7. The ship was moved.
8. The girls were ordered.
9. Help was given.
10. The sailor was killed.

Exercise 56.9

Translate into English:

1. dominus servum punivit.
2. servus a domino punitus est.
3. poeta librum misit.
4. liber a poeta missus est.
5. milites oppidum oppugnaverunt.
6. oppidum a militibus oppugnatum est.
7. Romani hostes interfecerunt.
8. hostes a Romanis interfecti sunt.
9. ego puellam in via vidi.
10. puella a me in via visa est.

Exercise 56.10

Translate into Latin:

1. The girl was seen by the boy.
2. The girls were seen by the boys.
3. A temple was built by the citizens.
4. An arrow was thrown by the soldier.
5. The slave was freed by the master.
6. A gift was sent by mother.
7. Ships were destroyed by the storm.
8. The city was captured by the Greeks.
9. Books were written by the poet.
10. Money was given by the king.

Here is a challenging exercise:

Exercise 56.11

Translate into Latin:

1. The queen was praised by all the citizens.

   ....

2. A very good dinner was prepared by the maidservants.

   ....

3. Many temples were destroyed by the cruel enemy.

   ....

4. Beautiful villas were built by the Romans.

   ....

5. Many young men were killed by the Greeks in the battle.

   ....

Handy Vocabulary Reminders
(in order of occurrence in the exercise)

Nouns		Verbs	
queen	regina, -ae f.	praise	laudo, -are, laudavi, laudatum (1)
citizen	civis, -is m.	prepare	paro, -are, paravi, paratum (1)
dinner	cena, -ae f.	destroy	deleo, -ere, delevi, deletum (2)
maidservant	ancilla, -ae f.	build	aedifico, -are, aedificavi, aedificatum (1)
temple	templum, -i n.	kill	occido, -ere, occidi, occisum (3)
enemy	hostes, -ium m.pl.		
villa	villa, -ae f.	**other stuff**	
Roman	Romanus, -i m.	by + a person	a/ab + abl.
young man	iuvenis, -is m.	all	omnis, -is, -e
Greek	Graecus, -i m.	very good	optimus, -a, -um
battle	proelium, -i n.	many	multi, -ae, -a (pl)
		cruel	crudelis, -is, -e
		beautiful	pulcher, pulchra, pulchrum
		in	in + abl.

hic haec hoc (= this/these)
and
ille illa illud (= that/those)

These two tables are called 'demonstrative adjectives'. *monstro* means 'I show', or 'I point out'. The table of *hic* is pointing out something close to the speaker, and the table of *ille* points out something further away from the speaker. Compare their endings, some of which may already be familiar to you.

hic, haec, hoc = this (plural: these)

		masculine	feminine	neuter
singular	nominative	hic	haec	hoc
	accusative	hunc	hanc	hoc
	genitive	huius	huius	huius
	dative	huic	huic	huic
	ablative	hoc	hac	hoc
plural	nominative	hi	hae	haec
	accusative	hos	has	haec
	genitive	horum	harum	horum
	dative	his	his	his
	ablative	his	his	his

ille, illa, illud = that (plural: those)

		masculine	feminine	neuter
singular	nominative	ille	illa	illud
	accusative	illum	illam	illud
	genitive	illius	illius	illius
	dative	illi	illi	illi
	ablative	illo	illa	illo
plural	nominative	illi	illae	illa
	accusative	illos	illas	illa
	genitive	illorum	illarum	illorum
	dative	illis	illis	illis
	ablative	illis	illis	illis

Examples

hic puer	*this boy*	(m sg)
hi pueri	*these boys*	(m pl)
illa puella	*that girl*	(f sg)
illae puellae	*those girls*	(f pl)
illud templum	*that temple*	(n sg)
illa templa	*those temples*	(n pl)

Exercise 56.12

Translate into English:

1. hic miles
2. ille rex
3. hoc scutum
4. haec urbs
5. hae urbes
6. illae urbes.
7. illa villa.
8. haec vina.
9. illa epistula.
10. hic agricola.

Exercise 56.13

Translate into English:

1. huic iuveni
2. illa corpora
3. hoc iter
4. hoc itinere
5. huius servi
6. illis verbis
7. hoc nomine
8. illi feminae
9. hac via
10. his servis

Exercise 56.14

Translate into Latin:

1. these bodies
2. that book
3. those soldiers
4. these words
5. this prisoner
6. these parents
7. that wound
8. those wounds
9. these sailors
10. those slaves

Exercise 56.15

Translate into Latin:

1. of that boy
2. of those boys
3. to that god
4. with this sword
5. for those companions
6. with these weapons
7. for that king
8. by these words
9. by that name
10. of that city

Exercise 56.16

Translate into English:

1. illi iuvenes has puellas spectabant.
2. haec navis ad illam insulam navigavit.
3. hanc puellam in illa via vidi.
4. illa domina hos servos saepe puniebat.
5. illi servi ex hoc oppido fugerunt.

Exercise 56.17

Translate into English:

1. illum magistrum non amamus.
2. ille servus hunc dominum timebat.
3. hic dominus illum servum terrebat.
4. illi milites hanc urbem oppugnaverunt.
5. templa huius urbis pulchra sunt.
6. multi senes in illa via habitant.
7. dux illum militem hoc gladio necavit.
8. magister praemia illis pueris non saepe dat.
9. cur hunc librum non legisti, ancilla?
10. hic servus malus, ille bonus est.

Exercise 56.18

Translate into Latin:

1. That teacher does not like this boy.
2. My mother will love these gifts.
3. Those Romans were defending this city well.
4. Many men were looking at those gardens.
5. When the mistress heard these words she was angry.

Chapter 57 : The Story of Odysseus (Part 2)
5th declension nouns; the pluperfect passive; the verb *eo*, to go

Exercise 57.1

Odysseus reaches the land of the Lotus Eaters.

1   post decem annos tota urbs Troia a Graecis capta erat. muri deleti erant et templa incensa erant, neque multi Troiani effugere potuerant.

    Ulixes comitesque ex urbe Troia discesserant et ad
5   Graeciam in navibus redibant. multos dies trans mare navigaverunt. tandem naves Graecorum ad terram Lotophagorum tempestate pulsae sunt. ei qui lotum consumunt semper dormire et in hac terra manere volunt.

10 Ulixes tres nautas ad oppidum Lotophagorum misit. hos nautas cibum aquamque petere et ad naves quattuor vel quinque horis redire iussit. ipse interea cum ceteris comitibus prope naves mansit. multas horas ibi manserunt. post septem horas tamen tres
15 nautae non redierant. a Lotophagis tenebantur. res Ulixem terrebat. sollicitus erat.

annus -i m. = year
totus, -a, -um = whole
capta erat = had been taken
deleti erant = had been estroyed
incensa erant = had been burned
Ulixes *is the Latin word for* Odysseus
dies = days
redibant = (they) were returning
Lotophagi, -orum m.pl. = Lotus Eaters
tempestas, tempestatis f. = storm
pello, -ere, pepuli, pulsum (3) = I drive
qui = who
lotus, -i f. = the fruit of the lotus
volunt = (they) want
peto, -ere, petivi, petitum (3) = I look for
vel = or
hora, -ae f. = hour
ipse = he himself
interea = meanwhile
redierant = they had returned
tenebantur = they were being held
res = the situation
sollicitus, -a, -um = worried

(a copy of this passage in workbook format can be found on page 64.)

Exercise 57.2

1. From the passage above, give, in Latin, an example of:

    a. a cardinal number;

    b. an infinitive;

    d. a preposition.

2. **discesserant** (line 4). For this verb, give:

    a. its tense;

    b. the first person singular of its present tense.

3. **navibus** (line 5).

    a. In which case is this noun?

    b. Why is this case used?

4. **dormire** (line 8). Explain the connection between this word and the English word *dormitory*.

5. **nautas** (line 10). Give the gender of this noun.

Vocabulary Box 45a

dies, diei m.*	day
fides, fidei f.*	faith, promise
res, rei f.*	thing, affair, matter, situation
hora, -ae f.	hour
annus, -i m.	year
tempestas, tempestatis f.	storm
totus, -a, -um	whole
interea	meanwhile
pello, -ere, pepuli, pulsum (3)	I drive
peto, -ere, petivi, petitum (3)	I look for, seek

Vocabulary Box 45b

day	dies, diei m.*
faith, promise	fides, fidei f.*
thing, affair, matter, situation	res, rei f.*
hour	hora, -ae f.
year	annus, -i m.
storm	tempestas, tempestatis f.
whole	totus, -a, -um
meanwhile	interea
I drive	pello, -ere, pepuli, pulsum (3)
I look for, seek	peto, -ere, petivi, petitum (3)

* these nouns, their nominative singulars ending in *-es,* belong to the fifth declension, which you will pleased to hear is Latin's final noun declension. It is not a large group, and its nouns follow the pattern given below.

5th declension nouns
res, rei f. = *thing, affair, matter, situation*

	singular	plural
nominative	**res**	**res**
vocative	**res**	**res**
accusative	**rem**	**res**
genitive	**rei**	**rerum**
dative	**rei**	**rebus**
ablative	**re**	**rebus**

The Pluperfect Passive

This is just like the perfect passive (which we met in xxx), but different. It indicates an action which **had been done** to something in the past. Study these examples from the last reading passage. The pluperfect passives – which again in Latin consist of two words – are underlined:

urbs Troia... <u>capta erat</u>	*The city of Troy <u>had been captured</u>*
muri <u>deleti erant</u>	*The walls <u>had been destroyed</u>*
templa <u>incensa erant</u>	*The temples <u>had been burned</u>*

How to work out the pluperfect passive

English:
He had been wounded. We had been punished. They had been seen.

Latin formation:
PPP (perfect participle passive) + *eram, eras, erat, eramus, eratis, erant*

Reminder: To form the PPP:
Take the 4th principal part, ending in -um, and replace the final m with an s.
(e.g. I destroy: deleo, delere, delevi, **deletum** gives a PPP delet**us**)

This gives you a word ending in *-us* which behaves like the nominatives of *bonus*. So, the six possible endings are:

	masculine	feminine	neuter
singular	-us	-a	-um
plural	-i	-ae	-a

The ending of the PPP **must** agree with the subject.

Study these examples:

The wall had been destroyed.	murus delet**us** erat.	(*wall* is masculine singular)
The walls had been destroyed.	muri delet**i** erant.	(*walls* is masculine plural)
The ship had been destroyed.	navis delet**a** erat.	(*ship* is feminine singular)
The ships had been destroyed.	naves delet**ae** erant.	(*ships* is feminine plural)
The temple had been destroyed.	templum delet**um** erat.	(*temple* is neuter singular)
The temples had been destroyed.	templa delet**a** erant.	(*temples* is neuter plural)

So here is a sample of a pluperfect passive, using *amo* as the example:

amatus, -a, -um	eram	*I had been loved*
amatus, -a, -um	eras	*You (sg) had been loved*
amatus, -a, -um	erat	*He/she/it had been loved*
amati, -ae, -a	eramus	*We had been loved*
amati, -ae, -a	eratis	*You (pl) had been loved*
amati, -ae, -a	erant	*They had been loved*

Exercise 57.3

Translate into Latin:

1. We had been seen.
2. It had been moved.
3. She had been praised.
4. They had been killed.
5. We had been led.
6. It had been given.
7. It had been written.
8. It had been destroyed.
9. You (sg) had been asked.
10. We had been ordered.

Exercise 57.4

Translate into English:

1. captus eras.
2. missus eram.
3. captus erat.
4. capta erat.
5. vulnerati eramus.
6. puniti eratis.
7. iussi eramus.
8. visa erat.
9. nuntiatum erat.
10. occisus erat.

Exercise 57.5

Translate into English:

1. tandem copiae paratae erant.
2. hastis vulneratus erat.
3. hastis vulnerata erat.
4. ab amicis relictus eram.
5. a Romanis superati eratis.
6. a magistro auditi eramus.
7. a Graecis victi erant.
8. a domino liberatus eras.
9. a magistro laudati eramus.
10. omnes villae ab hostibus deletae erant.

Exercise 57.6

Translate into Latin:

1. Helena a Paride capta erat.
2. Helena ad urbem Troiam ducta erat.
3. naves a Graecis paratae erant.
4. naves ad urbem Troiam missae erant.
5. Troia a Graecis oppugnata erat.

Exercise 57.7

Translate into Latin:

1. The book had been written.
2. The boy had been punished.
3. The boys had been warned.
4. The girl had been seen.
5. The soldier had been wounded.
6. The ship had been built.
7. The weapons had been collected.
8. The woman had been saved.
9. The soldiers had been killed.
10. The temple had been destroyed.

Exercise 57.8

Translate into Latin:

1. A good dinner had been prepared by the maidservants.
2. Many letters had been written by the poet.
3. The girl had been led to the city.
4. The city had been attacked by the Greeks.
5. Many men had been killed by the enemy.
6. A very big horse had been built by the Greeks.
7. The horse had been left in the city.
8. The city had finally been captured.
9. All the walls had been destroyed by the soldiers.
10. Many women had been captured by the enemy.

eo, ire, ii – *I go*

	Present *go*	**Imperfect** *was/were going*	**Perfect** *went*	**Future** *will go*	**Pluperfect** *had gone*
I	eo	ibam	ii *or* ivi	ibo	ieram / iveram
You (sg)	is	ibas	iisti / ivisti	ibis	ieras / iveras
He/She/It	it	ibat	iit / ivit	ibit	ierat / iverat
We	imus	ibamus	iimus / ivimus	ibimus	ieramus / iveramus
You (pl)	itis	ibatis	iistis / ivistis	ibitis	ieratis / iveratis
They	eunt	ibant	ierunt / iverunt	ibunt	ierant / iverant
infinitive:	ire *to go*				
imperatives:	**singular:** i! **plural:** ite! *Go!*				

As you might expect, the verb *to go* is a very common verb in Latin, as it is in many languages. Its meaning can be altered slightly by adding prefixes to the forms given in the table above. Here is a list of such verbs, all of which have endings like those of *eo*.

Vocabulary Box 46a	
eo, ire, ii / ivi	I go
adeo, adii, adii	I go towards
ineo, inire, inii	I go in
exeo, exire, exii	I go out
pereo, perire, perii	I perish
redeo, redire, redii	I go back, return
transeo, transire, transii	I cross

Vocabulary Box 46b	
I go	eo, ire, ii / ivi
I cross	transeo, transire, transii
I go back, return	redeo, redire, redii
I go in	ineo, inire, inii
I go out	exeo, exire, exii
I perish	pereo, perire, perii
I go towards	adeo, adii, adii

Exercise 57.9

Translate into English:

1. redibo.
2. perierunt.
3. ibas.
4. ineunt.
5. ii.
6. ibis.
7. eo.
8. exit.
9. exiit.
10. transibunt.

Exercise 57.10

Translate into English:

1. ibant.
2. itis.
3. exibo.
4. ierunt.
5. adierunt.
6. pereo.
7. ibitis.
8. exibamus.
9. transit.
10. redierat.

Exercise 57.11

Translate into Latin:

1. I will go out.
2. They were going.
3. They perished.
4. They had gone across.
5. You (pl) were going.
6. They go in.
7. To go in.
8. We shall go towards.
9. You (sg) will go.
10. He returned.

Exercise 57.12

Translate into Latin:

1. They had returned.
2. He crossed.
3. we were going.
4. I have returned.
5. I went.
6. He is going out.
7. You (sg) were going.
8. We shall return.
9. I am going.
10. He went.

Exercise 57.13

Translate into English:

1. quis ad urbem cras ibit?

2. et ego et frater ad urbem cras ibimus.

3. multi servi trans flumen transierant.

4. multi iuvenes in bello perierunt.

5. puer ex oppido statim exiit.

6. vir, ubi in templum iniit, amicum vidit.

7. domine, crasne ad urbem redibis?

8. multi servi per viam ibant.

9. rex iuvenes ex templo statim exire iussit.

10. miles fortis in proelio periit.

Chapter 58: The Story of Odysseus (Part 3)
volo, nolo; passive infinitives; time; more about numbers

Exercise 58.1

Odysseus finds his three missing sailors.

1 Ulixes comitesque prope naves multas horas manserunt. tres nautae, qui ad <u>Lotophagos</u> missi erant, non redierant.

    tandem Ulixes <u>sollicitus</u> nautas petere constituit.
5 haec verba comitibus dixit: '<u>sollicitus</u> sum. amici nostri non redierunt. diu absunt. <u>fortasse</u> a <u>Lotophagis</u> tenentur. ego eos petere <u>volo</u>. quis mecum venire <u>vult</u>?'

    comites inter se spectaverunt. deinde clamaverunt:
10 'hic manere <u>nolumus</u>. omnes tecum ire <u>volumus</u>. amici nostri a nobis mox <u>liberabuntur</u>.'

    Ulixes, ubi haec verba audivit, laetus erat. ille paucos comites <u>custodes</u> navibus reliquit. his clamavit: 'naves bene <u>custodite</u>! ego aliique paucis horis
15 redibimus. nautas mox inveniemus.'

    Ulixes comitesque ad oppidum <u>Lotophagorum</u> <u>contenderunt</u>. nautas, <u>qui</u> a <u>Lotophagis</u> <u>tenebantur</u>, mox invenerunt. sed ubi eos viderunt, <u>attoniti</u> erant.

Lotophagi, -orum m. pl. = Lotus Eaters

sollicitus, -a, -um = worried

fortasse = perhaps
volo = I want
vult = wants

nolumus = we do not want
volumus = we want
liberabuntur = will be set free

custodes = as guards
custodio, -ire, custodivi, custoditum (4) = I guard

contendo, -ere, contendi (3) = I march, I hurry
qui = who
tenebantur = were being held
attonitus, -a, -um = amazed

(a copy of this passage in workbook format can be found on page 65.)

Exercise 58.2

1. From the passage above, give, in Latin, an example of:
   a. a verb in the pluperfect tense;
   b. an adverb;
   c. an imperative;
   d. a verb in the future tense.
2. **verba** (line 5). Give the gender of this noun.
3. **absunt** (line 6). For this verb, give:
   a. its person;
   b. its number;
   c. the first person singular of its present tense.
4. **nautas** (line 17).
   a. In which case is this noun?
   b. Why is this case used?

Vocabulary Box 47a

volo, velle, volui (irreg)	I want
nolo, nolle, nolui (irreg)	I do not want, refuse
contendo, -ere, contendi (3)	I hurry, march
custodio, -ire, -ivi,m -itum (4)	I guard
custos, custodis m.	guard

Vocabulary Box 47b

I want	volo, velle, volui (irreg)
I do not want, refuse	nolo, nolle, nolui (irreg)
I hurry, march	contendo, -ere, contendi (3)
I guard	custodio, -ire, -ivi, -itum (4)
guard	custos, custodis m.

Two more irregular verbs: *volo* and *nolo*

You have already met two irregular verbs: sum, esse, fui (*I am*) and possum, posse, potui (*I am able, I can*). Here are two more common irregular verbs, which as you will see are closely related to each other. They are the verbs *to want*, and the opposite of this, *to not want, to be unwilling* (or *refuse*).

volo, velle, volui – *I want*

	Present	Imperfect	Perfect	Future	Pluperfect
	want	*wanted*	*wanted*	*will want*	*had wanted*
I	volo	volebam	volui	volam	volueram
You (sg)	vis	volebas	voluisti	voles	volueras
He/She/It	vult	volebat	voluit	volet	voluerat
We	volumus	volebamus	voluimus	volemus	volueramus
You (pl)	vultis	volebatis	voluistis	voletis	volueratis
They	volunt	volebant	voluerunt	volent	voluerant
infinitive:	velle *to want*				

nolo, nolle, nolui – *I do not want, I refuse*

	Present	Imperfect	Perfect	Future	Pluperfect
	do not want	*did not want*	*did not want*	*will not want*	*had not wanted*
I	nolo	nolebam	nolui	nolam	nolueram
You (sg)	non vis	nolebas	noluisti	noles	nolueras
He/She/It	non vult	nolebat	noluit	nolet	noluerat
We	nolumus	nolebamus	noluimus	nolemus	nolueramus
You (pl)	non vultis	nolebatis	noluistis	noletis	nolueratis
They	nolunt	nolebant	noluerunt	nolent	noluerant
infinitive:	nolle *to be unwilling*				

As you would expect, these two verbs are usually followed by infinitives (*to*-words).

Examples
    pueri bene **laborare** semper volunt.   *Boys always want **to work** well.*
    milites **pugnare** nolebant.   *The soldiers refused/were not willing **to fight**.*

More about infinitives

As you know, infinitives are *to*-words, which usually end in *-re* in Latin. Those you have met so far are called present infinitives active (e.g. to love, to punish etc.). But present infinitives **passive** also exist (e.g. to <u>be</u> loved, to <u>be</u> punished). Here is a table bringing all these together.

Present Infinitives				
	Active		**Passive**	
1	amare	to love	amari	to be loved
2	monere	to warn	moneri	to be warned
3	regere	to rule	regi	to be ruled
3½	capere	to capture	capi	to be captured
4	audire	to hear	audiri	to be heard

(There is no present infinitive active of esse, to be, *because you cannot say 'to be been'!)*

Verbs frequently followed by an infinitive

amo (1)   I like   puella cantare amat.
                                       The girl likes to sing.

paro (1)   I prepare   Romani urbem oppugnare parabant.
                                       The Romans were preparing to attack the city.

iubeo (2)   I order   dominus servum puniri iussit.
                                       The master ordered the slave to be punished.

debeo (2)   I have to/must/ought to   milites bene pugnare debebunt.
                                       The soldiers will have to fight well.

constituo (3)   I decide   liberi in horto ludere constituerunt.
                                       The children decided to play in the garden.

cupio (3½)   I want/desire   ab hostibus vinci non cupimus.
                                       We do not want to be conquered by the enemy.

possum (irreg)   I am able to/can   senex bene ambulare non poterat.
                                       The old man could not walk well.

volo (irreg)   I wish/want   quis vinum bibere vult?
                                       Who wants to drink some wine?

nolo (irreg)   I do not want/refuse   omnes pueri laborare noluerunt.
                                       All the boys refused to work.

Exercise 58.3

Translate into English:

1. cur pugnare non vis, miles?
2. verba magistri audire nolui.
3. nemo in bello occidi vult.
4. omnes magistri amari amant.
5. statim oppugnare debetis, milites!
6. senes celeriter currere non possunt.
7. cives Troiani a Graecis superari noluerunt.
8. omnes Graeci Troiam delere cupiebant.
9. pueri puellaeque semper bene laborare debent.
10. multos libros lego quod sapiens esse volo.

Exercise 58.4

Translate into English:

1. Graeci Troiam oppugnare volebant.

   ....

2. liberi a parentibus iuberi non amant.

   ....

3. pueri mali laborare saepe nolunt.

   ....

4. quis a magistro puniri vult?.

   ....

5. Graeci ad urbem Troiam navigare parabant.

   ....

6. Agamemnon magnas copias a Graecis parari iussit.

   ....

7. miles in proelio interfici noluit.

   ....

8. Iuppiter Paridem deam pulcherrimam legere iussit.

   ....

9. duces Graeci equum ingentem aedificari iusserunt.

   ....

10. parentes pecuniam liberis tradere numquam debent.

    ....

Exercise 58.5

Translate into English:

1. manere noluerunt.
2. laudari voluerunt.
3. visne ludere?
4. vinci nolumus.
5. ridere volebam.
6. sapiens esse vult.
7. puniri nolo.
8. cantare nolebat.
9. pugnare nolet.
10. clamare volo.

Exercise 58.6

Translate into Latin:

1. I want to sleep.
2. We refuse to work.
3. We want to play.
4. I do not want to be guarded.
5. He did not want to be wounded.
6. You (sg) wanted to escape.
7. We do not want to come.
8. He will want to be set free.
9. They wanted to depart.
10. They did not want to stay.

Exercise 58.7

Translate into Latin:

1. Slaves always want to escape.

   ....

2. A good teacher does not want to frighten his boys.

   ....

3. All boys want to be wise.

   ....

4. The girls did not want to work yesterday.

   ....

5. The cruel master wants his slaves to be guarded well.

   ....

Time

Expressions of time in Latin have either accusative or ablative endings.

accusative endings	ablative endings
time for how long	time when
FOR	**not FOR** (in/on/at/within)
mult**os** ann**os** *FOR many years*	secund**o** ann**o** *IN the second year*
tres hor**as** *FOR three hours*	quart**o** di**e** *ON the fourth day*
quattuor di**es** *FOR four days*	terti**a** hor**a** *AT the third hour*
omn**em** noct**em** *(FOR) all night*	pauc**is** di**ebus** *WITHIN a few days*

Useful Time Vocabulary

day	dies, diei m. (5th decl, like *res*. See page xxx)
hour	hora, -ae f. (1st decl, like *puella*)
night	nox, noctis f. (3rd decl, like *rex, regis*)
time	tempus, temporis n. (3rd decl, like *vulnus*)
year	annus, -i m. (2nd decl, like *servus*)
many	multi, -ae, -a (like plural of *bonus*)
few	pauci, -ae, -a (like plural of *bonus*)
short	brevis, -is, -e (like *fortis*)

Exercise 58.8

Translate into English:

1. multos annos
2. paucas horas
3. multos dies
4. paucos dies
5. quinque horas
6. totam diem
7. multas horas
8. duas horas
9. tres dies
10. sex annos

Exercise 58.9

Translate into English:

1. paucis horis
2. tertio die
3. decima hora
4. illo tempore
5. quarto die
6. hoc die
7. octo diebus
8. paucis diebus
9. quattuor annis
10. sexto anno

Now is a good time to revise the basic cardinal and ordinal numbers from the next page.
Take care not to confuse them!

cardinal numbers		ordinal numbers (these go like *bonus*)	
unus	one	primus	first
duo	two	secundus	second
tres	three	tertius	third
quattuor	four	quartus	fourth
quinque	five	quintus	fifth
sex	six	sextus	sixth
septem	seven	septimus	seventh
octo	eight	octavus	eighth
novem	nine	nonus	ninth
decem	ten	decimus	tenth
undecim	eleven	undecimus	11th
duodecim	twelve	duodecimus	12th
tredecim	thirteen	tertius decimus	13th
quattuordecim	fourteen	quartus decimus	14th
quindecim	fifteen	quintus decimus	15th
sedecim	sixteen	sextus decimus	16th
septendecim	seventeen	septimus decimus	17th
duodeviginti	eighteen	duodevicensimus	18th
undeviginti	nineteen	undevicensimus	19th
viginti	twenty	vicensimus	20th
triginta	thirty	tricensimus	30th
quadraginta	forty	quadragensimus	40th
quinquaginta	fifty	quinquagensimus	50th
sexaginta	sixty	sexagensimus	60th
septuaginta	seventy	septuagensimus	70th
octoginta	eighty	octogensimus	80th
nonaginta	ninety	nonagensimus	90th
centum	a hundred	centensimus	100th
mille	a thousand	millensimus	1000th

(Familiarity with the numbers in the shaded areas is not required at Common Entrance)

Careful! – the cardinal numbers one (unus), two (duo) and three (tres) have different endings, as on the following page:

	masculine	feminine	neuter
nominative	unus	una	unum
accusative	unum	unam	unum
genitive	unius	unius	unius
dative	uni	uni	uni
ablative	uno	una	uno

	masculine	feminine	neuter
nominative	duo	duae	duo
accusative	duos	duas	duo
genitive	duorum	duarum	duorum
dative	duobus	duabus	duobus
ablative	duobus	duabus	duobus

	masculine	feminine	neuter
nominative	tres	tres	tria
accusative	tres	tres	tria
genitive	trium	trium	trium
dative	tribus	tribus	tribus
ablative	tribus	tribus	tribus

Exercise 58.10

Translate into English:

1. paucis diebus veniam.
2. totum diem dormivi.
3. multas horas currebam.
4. paucis annis redibo.
5. septem dies laboravimus.
6. quarto anno advenerunt.
7. paucis horis discedemus.
8. eum tertia hora vidi.
9. multas horas non dormivit.
10. multos dies laborabo.

Exercise 58.11

Translate into Latin:

1. I shall sleep all night.
2. We shall arrive in a short time.
3. They arrived on the fifth day.
4. We shall see you (sg) in a few days.
5. They fought for many hours.
6. She stayed there for four days.
7. He arrived at the eighth hour.
8. I slept for many days.
9. They defended the city for ten years.
10. We attacked the town for many years.

Exercise 58.12

Translate into English:

1. multae naves a Graecis paucis diebus paratae sunt.

   ....

2. nautae trans mare multos dies navigaverunt.

   ....

3. Graeci Troiam multos annos oppugnaverunt.

   ....

4. tandem Graeci Troiam decimo anno ceperunt.

   ....

5. Troiani contra Graecos multas horas pugnaverunt.

   ....

6. muri paucis horis deleti sunt.

   ....

7. omnes Graeci quinque diebus discesserunt.

   ....

8. Ulixes trans mare multos annos erravit.

   ....

9. Ulixes nautas paucis horis redire iussit.

   ....

10. nautae cum Lotophagis multos dies manere cupiebant.

    ....

Chapter 59: The Story of Odysseus (Part 4)
Imperfect and future passive; the verb *fero*

Exercise 59.1

Odysseus deals with his three missing sailors.

1 Ulixes, nautas <u>petens</u>, ad oppidum <u>Lotophagorum</u> advenerat. nautae a <u>Lotophagis</u> <u>tenebantur</u>. Ulixes, ubi eos vidit, <u>attonitus</u> erat. illi <u>enim</u> <u>semisomni</u> erant, neque se movere volebant.

5 'quid facitis?' eos rogavit Ulixes iratus. 'quid fecistis?'

nautae ei responderunt: noli iratus esse, Ulixes. <u>lotum</u> consumpsimus. <u>lotus</u> optima est. eam amamus. hic manere et dormire volumus. <u>domum</u> ire nolumus. nos hic relinque!'

10 Ulixes autem hoc facere nolebat. nautis clamavit: 'hoc facere nolo. ad naves statim <u>feremini</u>.' deinde comitibus clamavit: '<u>ferte funes</u>! hos nautas <u>funibus</u> <u>vincite</u>! deinde eos ad naves <u>ferte</u>!'

comites Ulixis ea <u>quae</u> iusserat fecerunt. nautas <u>funibus</u>
15 <u>vinxerunt</u>. nautae – his <u>funibus</u> <u>vincti</u>, magnis vocibus <u>clamantes</u> – ad naves <u>lati sunt</u>

petens = looking for
Lotophagi, -orum m.pl. = Lotus Eaters
tenebantur = (they) were being held
attonitus, -a, -um = amazed
enim = for
semisomni = half asleep

lotus, -i f. = the lotus fruit

domum = homeland

feremini = you will be carried
fero, ferre, tuli, latum (irreg) = I bring, carry
funis, -is m. = rope
vincio, -ire, vinxi, vinctum (4) = I tie up
quae = which (the things which)
vincti = tied up
clamantes = shouting
lati sunt = see *fero*, above

(a copy of this passage in workbook format can be found on page 66.)

Exercise 59.2

1. From the passage above, give, in Latin, an example of:
   a. a verb in the pluperfect tense;
   b. an infinitive;
   c. an imperative;

2. **eos** (line 2). Give the nominative masculine singular of this pronoun.

3. **Ulixes** (line 6). In which case is this noun?

4. **optima** (line 7). This is a superlative adjective. Give the nominative masculine singular of the positive form of this adjective.

5. **naves** (line 13).
   a. In which case is this noun?
   b. Why is this case used?

6. **iusserat** (line 14). Give the first person singular of the present tense of this verb.

7. Using your knowledge of Latin and a clue from this passage, work out what a *funambulist* does.

Vocabulary Box 48a	
fero, ferre, tuli, latum (irreg)	I bring, I carry
domus f.*	home, house

Vocabulary Box b	
I bring, I carry	fero, ferre, tuli, latum (irreg)
home, house	domus f.*

* although this word ends in -us, it does not go quite like *servus*.

Imperfect and Future Passives

You have already met the present passive (*amor*, I am loved), perfect passive (*amatus sum*, I was loved) and pluperfect passive (*amatus eram*, I had been loved). There are two remaining passive tenses for you to meet: the imperfect passive and the future passive.

Imperfect passive = was/were being somethinged (e.g. he <u>was being</u> punished).
Future passive = will be somethinged (e.g. you <u>will be</u> punished).

These are not very commonly found, but their endings for the various conjugations are as follows:

Imperfect Passives

	1: *loved*	2: *warned*	3: *ruled*	3½: *taken*	4: *heard*
I was being	ama**bar**	mone**bar**	rege**bar**	capie**bar**	audie**bar**
You (sg) were being	ama**baris**	mone**baris**	rege**baris**	capie**baris**	audie**baris**
He/she/it was being	ama**batur**	mone**batur**	rege**batur**	capie**batur**	audie**batur**
We were being	ama**bamur**	mone**bamur**	rege**bamur**	capie**bamur**	audie**bamur**
You (pl) were being	ama**bamini**	mone**bamini**	rege**bamini**	capie**bamini**	audie**bamini**
They were being	ama**bantur**	mone**bantur**	rege**bantur**	capie**bantur**	audie**bantur**

Future Passives

	1: *loved*	2: *warned*	3: *ruled*	3½: *taken*	4: *heard*
I shall be	ama**bor**	mone**bor**	reg**ar**	capi**ar**	audi**ar**
You (sg) will be	ama**beris**	mone**beris**	reg**eris**	capi**eris**	audi**eris**
He/she/it will be	ama**bitur**	mone**bitur**	reg**etur**	capi**etur**	audi**etur**
We shall be	ama**bimur**	mone**bimur**	reg**emur**	capi**emur**	audi**emur**
You (pl) will be	ama**bimini**	mone**bimini**	reg**emini**	capi**emini**	audi**emini**
They will be	ama**buntur**	mone**buntur**	reg**entur**	capi**entur**	audi**entur**

fero, ferre, tuli, latum – *I bring, I carry*

As you can see, the verb *fero* has some very irregular principal parts. It is especially irregular in the present tense, but otherwise it has endings very like those of the third conjugation (*rego*-type) verbs.

Active	Present *bring*	Imperfect *was/were bringing*	Future *will bring*	Perfect *brought*	Pluperfect *had brought*
I	fero	ferebam	feram	tuli	tuleram
You (sg)	fers	ferebas	feres	tulisti	tuleras
He/She/It	fert	ferebat	feret	tulit	tulerat
We	ferimus	ferebamus	feremus	tulimus	tuleramus
You (pl)	fertis	ferebatis	feretis	tulistis	tuleratis
They	ferunt	ferebant	ferent	tulerunt	tulerant

Passive	Present *am/is/are brought*	Imperfect *was/were being brought*	Future *will be brought*	Perfect *was brought*	Pluperfect *had been brought*
I	feror	ferebar	ferar	latus sum	latus eram
You (sg)	ferris	ferebaris	fereris	latus es	latus eras
He/She/It	fertur	ferebatur	feretur	latus est	latus erat
We	ferimur	ferebamur	feremur	lati sumus	lati eramus
You (pl)	ferimini	ferebamini	feremini	lati estis	lati eratis
They	feruntur	ferebantur	ferentur	lati sunt	lati erant

	Active singular	Active plural	Passive singular	Passive plural
Imperatives	fer! *bring!*	ferte! *bring!*	ferre! *be brought!*	ferimini! *be brought!*
Infinitives	ferre *to bring*		ferri *to be brought*	

Exercise 59.3

Translate into Latin:

1. You (sg) carry.
2. He will be carried.
3. He carried.
4. To carry.
5. I brought.
6. He is carrying.
7. We shall bring.
8. She was carrying.
9. He was being carried.
10. They will carry.

Exercise 59.4

Translate into Latin:

1. They brought.
2. They were carried.
3. He was carried.
4. She was carried.
5. They will be carried.
6. They bring.
7. You (pl) had brought.
8. We had been brought.
9. We were being carried.
10. It will be carried.

Exercise 59.5

Translate into English:

1. servus multum cibi tulerat.

   ....

2. magnam pecuniam cras feram.

   ....

3. quid fers?

   ....

4. milites arma ferunt.

   ....

5. arma a servis ferebantur.

   ....

6. quid a servis cras feretur?

   ....

7. cibus in villam a servis cras feretur.

   ....

8. gladii a militibus lati sunt.

   ....

9. quid servus ferebat?

   ....

10. servus corpus ferebat.

    ....

Chapter 60: The Story of Odysseus (Part 5)
celer; the relative pronoun *qui quae quod*

Exercise 60.1

Odysseus and his men leave the land of the Lotus Eaters

1 nautae qui lotum consumpserant ex oppido Lotophagorum ad naves a comitibus ferebantur. magnis vocibus clamabant quod domum redire nolebant.

    ei qui naves custodiebant, ubi hos nautas viderunt,
5 laetissimi erant. Ulixes ipse custodibus clamavit:

'hi nautae in hac terra a Lotophagis manere cogebantur. lotum consumperunt. domum redire nolunt. eos in naves iacite! statim discedamus!

    Graeci, ubi nautas in naves iecerunt, omnia celeriter
10 paraverunt. hoc labore facto, in navibus – quae celerrimae erant – e terra Lotophagorum discedere poterant

qui = who
lotus, -i f. = the lotus fruit
Lotophagi, -orum m.pl. = Lotus Eaters

ipse = himself

cogo, -ere, coaegi, coactum (3) = I force
discedamus = let's leave!

labor, laboris m. = task
facto = having been done
quae = which
celerrimae = very fast

(a copy of this passage in workbook format can be found on page 67.)

Exercise 60.2

1. From the passage above, give, in Latin, an example of:
   a. a verb in the passive;
   b. an infinitive;
   c. an imperative;
2. **consumpserant** (line 1). For this verb, give:
   a. its person;
   b. its number;
   c. its tense;
   d. the 1st person singular of its present tense.
3. **oppido** (line 1).
   a. In which case is this noun?
   b. Why is this case used?
4. **laetissimi** (line 5). Give the nominative masculine singular of the positive form of this adjective.

Vocabulary Box 49a

labor, laboris m.	task, work
celer, celeris	quick
cogo, -ere, coegi, coactum (3)	I force
qui, quae, quod	who, which

Vocabulary Box 49b

I force	cogo, -ere, coegi, coactum (3)
quick	celer, celeris
task, work	labor, laboris m.
who, which	qui, quae, quod

Third declension adjectives in *-er*

e.g. cel**er** = *quick*

		masculine	feminine	neuter
singular	nominative	celer	celer	celer**e**
	vocative	celer	celer	celer**e**
	accusative	celer**em**	celer**em**	celer**e**
	genitive	celer**is**	celer**is**	celer**is**
	dative	celer**i**	celer**i**	celer**i**
	ablative	celer**i**	celer**i**	celer**i**
plural	nominative	celer**es**	celer**es**	celer**ia**
	vocative	celer**es**	celer**es**	celer**ia**
	accusative	celer**es**	celer**es**	celer**ia**
	genitive	celer**ium**	celer**ium**	celer**ium**
	dative	celer**ibus**	celer**ibus**	celer**ibus**
	ablative	celer**ibus**	celer**ibus**	celer**ibus**

Relative Clauses

Relative Clauses in English
These are clauses introduced by a relative pronoun (*who, which*). They RELATE to the person or thing mentioned just before. What they relate to is called the ANTECEDENT (antecedent actually means 'going before').

English examples

Antecedent	Relative Pronoun (in bold) and Relative Clause	Main Clause
The boy,	**who** was naughty,	was expelled from school.
That girl,	**whom** I love,	is very pretty.
The man,	**to whom** I gave the money,	was a beggar.
The temple,	**which** was huge,	was destroyed.

As you will see, the relative pronoun and its clause – which simply give further information about the antecedent – could be removed from the sentence entirely: what is left still makes perfect sense:

The boy was expelled from school
That girl is very pretty.
The man was a beggar.
The temple was destroyed.

Relative Clauses in Latin

The Relative Pronoun
qui, quae, quod = *who, which* etc.

SINGULAR	masculine	feminine	neuter	English
nominative	qui	quae	quod	*who, which*
accusative	quem	quam	quod	*whom*
genitive	cuius	cuius	cuius	*which, whose*
dative	cui	cui	cui	*to whom, to which*
ablative	quo	qua	quo	*(by) whom, by which*
PLURAL				
nominative	qui	quae	quae	*who, which*
accusative	quos	quas	quae	*whom, which*
genitive	quorum	quarum	quorum	*whose*
dative	quibus	quibus	quibus	*to whom*
ablative	quibus	quibus	quibus	*(by) whom, by which*

Note:
With whom = quocum / quacum / quibuscum

Rule

In Latin the relative pronoun agrees with its antecedent in gender (masculine/feminine/neuter) and number (singular/plural). Its case is decided by its function in the relative clause.

Latin Examples — study these carefully!

puella, **quae** per viam ambulat, pulchra est.
The girl, who is walking along the road, is beautiful.

puella, **quam** specto, pulchra est.
The girl, whom I am watching, is beautiful.

puella, **cuius** pater rex est, dives est.
The girl, whose father is the king, is wealthy.

puella, **cui** pecuniam dedi, multa dona emit.
The girl, to whom I gave the money, bought many gifts.

Exercise 60.3

Translate into English:

1. hic est servus qui bene laborat.
2. haec est ancilla quae bene laborat.
3. hoc est templum quod maximum est.
4. hi sunt servi qui heri fugerut.
5. hae sunt puellae quae bene cantant.
6. haec sunt templa quae saepe spectamus.
7. ille magister est quem non amo.
8. illa puella est quam amo.
9. hoc est vinum quod saepe bibo.
10. illae sunt ancillae quas domina saepe punit.

Exercise 60.4

Translate into Latin:

1. Menelaus, whose wife was Helena, was a very famous Greek.
2. Paris, who was a Trojan chieftain, came to Menelaus.
3. Paris decided to take Helena, who was very beautiful.
4. Paris led her to the city in a ship which was quick.
5. Menelaus, who was very angry, sent messengers to all the Greeks.

Exercise 60.5

Translate into English:

1. hic est libertus cui pecuniam dedi.

2. hi sunt liberti quibus pecuniam dedi.

3. haec est puella cuius pater clarus est.

4. hi sunt servi quorum dominus crudelis est.

5. villa in qua habito parva est.

6. hi sunt pueri qibuscum saepe ludo.

7. puer quocum ludo amicus meus est.

8. verba quae dixit magister mala erant.

9. ibi est villa ex qua multi servi effugerunt.

10. illi sunt montes in quibus multa animalia saepe videmus.

Exercise 60.6

Translate into Latin:

1. The forces (which) Menelaus prepared were great.
2. Troy was a town whose walls were strong.
3. Menelaus wanted to destroy Troy, which was a big city.
4. The soldiers (whom) the general praised were very brave.
5. Helena, whom Menelaus loved, was finally taken back to her homeland.

Chapter 61: The Story of Odysseus (Part 6)
idem; ipse

Exercise 61.1

Odysseus and his men get a surprise.

1 Ulixes comitesque a <u>Lotophagis</u> effugerant. multos dies multasque <u>noctes</u> navigaverunt. tandem ad terram advenerunt. in <u>eadem</u> terra gens <u>gigantum</u> habitabat. Graeci, ubi e navibus descenderunt, cenam in <u>litore</u>
5 paraverunt. deinde omnem <u>noctem</u> dormiverunt.

prima luce e <u>somno</u> <u>surrexerunt</u>. Ulixes et duodecim amici, ubi gladios et tela collegerunt, a <u>litore</u> in silvas iter fecerunt quod cibum aquamque petere volebant.

mox ad <u>antrum</u>, in quo multum cibi erat, advenerunt.
10 Graeci, ubi hunc cibum viderunt, laetissimi erant. cibum ad naves ferre constituerunt. Ulixes <u>ipse</u> eos festinare iussit. Graeci tamen, <u>dum</u> cibum ad naves ferunt, <u>gigantem</u> ingentem qui appropinquabat conspexerunt.

Lotophagi, -orum m.pl. = lotus-eaters
nox, noctis f. = night
eadem = the same
gigas, gigantis m. = giant
litus, litoris n. = beach
somnus, -i m. = sleep
surgo, -ere, surrexi, surrectum = I get up
antrum, -i n. = cave
ipse = himself
dum = while

(a copy of this passage in workbook format can be found on page 68.)

Exercise 61.2

1. From the passage above, give, in Latin, an example of:
    a. a relative pronoun;
    b. a cardinal number;
    c. an infinitive.
2. **multos dies** (line 1).
    a. In which case is this expression?
    b. Why is this case used?
3. **laetissimi** (line 10). Give the nominative masculine singular of the comparative form of this adjective.
4. **conspexerunt** (line 13). For this verb, give:
    a. its person;
    b. its number;
    c. its tense;
    d. the 1st person singular of its present tense.

Vocabulary Box 50a		Vocabulary Box 50b	
nox, noctis f.	night	night	nox, noctis f.
somnus, -i m.	sleep	sleep	somnus, -i m.
idem, eadem, idem	the same	the same	idem, eadem, idem
ipse, ipsa, ipsum	-self	-self	ipse, ipsa, ipsum
dum	while	while	dum

Note on *dum*

If an action interrupts a *dum*-clause, the verb in the *dum*-clause goes into the present tense, even though it all happened in the past! Look at the structure of the final sentence of the last reading passage:

Graeci tamen, dum cibum ad naves **ferunt**, gigantem ... conspexerunt.
*However, while the Greeks **were taking** the food to the ships, they spotted a giant.*

idem, eadem, idem = *the same*

(This behaves rather like the table of *is, ea, id* with a *-dem* stuck on to the end)

		masculine	feminine	neuter
singular	nominative	idem	eadem	idem
	accusative	eundem	eandem	idem
	genitive	eiusdem	eiusdem	eiusdem
	dative	eidem	eidem	eidem
	ablative	eodem	eadem	eodem
plural	nominative	eidem	eaedem	eadem
	accusative	eosdem	easdem	eadem
	genitive	eorundem	earumdem	eorundem
	dative	eisdem	eisdem	eisdem
	ablative	eisdem	eisdem	eisdem

Exercise 61.3

Translate into English:

1. fratrem habeo. eandem matrem habemus.
2. in eadem urbe laboramus.
3. idem vinum amamus.
4. magistri eadem semper dicunt.
5. eidem pueri semper pugnant.
6. easdem puellas heri conspexi.
7. contra eosdem hostes pugnamus.
8. illi servi in eadem via habitant.
9. pecuniam eidem puellae dedi.
10. non omnes eadem amant.

Emphatic adjective
ipse, ipsa, ipsum = -self

		masculine	feminine	neuter
singular	nominative	ipse	ipsa	ipsum
	accusative	ipsum	ipsam	ipsum
	genitive	ipsius	ipsius	ipsius
	dative	ipsi	ipsi	ipsi
	ablative	ipso	ipsa	ipso
plural	nominative	ipsi	ipsae	ipsa
	accusative	ipsos	ipsas	ipsa
	genitive	ipsorum	ipsarum	ipsorum
	dative	ipsis	ipsis	ipsis
	ablative	ipsis	ipsis	ipsis

Beware!
Do not confuse this with reflexive pronouns *me, te, se, nos, vos, se,* which reflect the action back onto the subject. In other words, the object is the same as the subject.

ille puer **se** amat.	*That boy loves **himself**.*
hostibus **nos** tradidimus.	*We handed **ourselves** over to the enemy.*
	We surrendered to the enemy.

ipse simply adds emphasis, and you can express this in different ways in English:

ego **ipse** reginam vidi.	*I saw the queen **myself**.*
	*I **actually** saw the queen.*
regina **ipsa** venit.	*The queen **herself** came.*
	*The queen **actually** came.*
in illa **ipsa** villa habitabamus.	*We used to live in that **very** house.*

Chapter 62: The Story of Odysseus (Part 7)
Indirect statements

Exercise 62.1

Trapped by Polyphemus.

1 Graeci videre poterant hunc <u>gigantem</u> iratum <u>esse</u>. <u>sciebant</u> se in magno periculo iam <u>esse</u>.

nomen huius <u>gigantis</u> Polyphemus erat. saevissimus et <u>superbissimus</u> erat. unum <u>oculum</u> in media <u>fronte</u>
5 habebat.

Ulixes ipse, ubi Polyphemum vidit, Graecis clamavit: 'audite me, comites! videre potestis nos in magno periculo iam <u>esse</u>. a <u>gigante</u> conspici nolumus. ad <u>antrum</u> statim redire et ibi nos <u>celare</u> debemus. statim!
10 festinate! Graeci igitur ad <u>antrum</u> celeriter contenderunt. ibi se <u>celaverunt</u>.

Polyphemus ipse mox advenit. in <u>antrum</u> intravit. deinde, ubi <u>exitum</u> <u>antri</u> <u>saxo</u> ingenti <u>clausit</u>, <u>ignem</u> fecit. tum luce <u>flammarum</u> conspexit Graecos in suo
15 <u>antro</u> <u>adesse</u>.

gigas, gigantis m. = giant
esse = was/were/are
scio (4) = I know

superbus, -a. -um = arrogant
oculus, -i m. = eye
frons, frontis f. = forehead

antrum, -i n. = cave
(me) celo, -are = I hide (myself)

exitus, -us m. = exit
saxum, -i n. = rock
claudo, -ere, clausi, clausum (3) = I shut
ignis, -is m. = fire
flamma, -ae f. = flame
adesse = were present

(a copy of this passage in workbook format can be found on page 69.)

Exercise 62.2
1. From the passage above, give, in Latin, an example of:
   a. a reflexive pronoun;
   b. a superlative adjective;
   c. an adverb.
2. **esse** (line 2). What part of the verb *to be* is this?
3. **oculum** (line 4).
   a. In which case is this noun?
   b. Why is this case used?
4. **conspexit** (line 14). For this verb, give:
   a. its person;
   b. its number;
   c. its tense;
   d. the 1st person singular of its present tense.

Indirect Statements: accusative and present infinitive

An indirect statement in English consists of a 'verb above the neck' (e.g. seeing, hearing, knowing, saying) and the word **that**.

    e.g. *I know **that** you are stupid.*
    *He heard **that** the teacher was a good one.*
    *She said **that** she was ill.*

In Latin, the word for **that** following the verb above the next is **not** expressed (sometimes it's left out in English as well). Instead, the **subject** of the indirect statement goes into the **accusative** case and the **verb** of the indirect statement goes into the **infinitive**.

For example, *I know that the girl is coming.*

    scio   puell**am**   ven**ire**
    verb above the neck   *accusative*   *present infinitive*

The present infinitive indicates that this action is going on at the same time as the verb above the neck.

If the verb above the neck is in the <u>present</u> translate the present infinitive as **is** or **are**.
If the verb above the neck is in the <u>past</u> translate the present infinitive as **was** or **were**.

Study these sentences:

    scio puellam venire.   =   *I know that the girl **is** coming.*
    sciebam puellam venire.   =   *I knew that the girl **was** coming.*

    scio puellas venire.   =   *I know that the girls **are** coming.*
    sciebam puellas venire.   =   *I knew that the girls **were** coming.*

Exercise 62.3

Translate into English:

1. video puerum currere.
2. video pueros currere.
3. vidi puerum currere.
4. vidi pueros currere.
5. audio puellam clamare.
6. audio puellas clamare.
7. audivi puellam clamare.
8. audivi puellas clamare.
9. scio milites venire.
10. sciebam milites venire.

Exercise 62.4

Translate into English:

1. scio agricolam laborare.
2. scio agricolas laborare.
3. sciebam agricolam laborare.
4. sciebam agricolas laborare.
5. puer dicit hanc puellam pulchram esse.
6. puer dicit has puellas pulchras esse.
7. puer dixit hanc puellam pulchram esse.
8. puer dixit has puellas pulchras esse.
9. audio magistrum bonum esse.
10. audivi magistrum bonum esse.

Exercise 62.5

Translate into English:
1. scio hunc servum effugere.
2. scio hos servos effugere.
3. sciebam hunc servum effugere.
4. sciebam hos servos effugere.
5. video omnes pueros laborare.
6. vidi omnes pueros laborare.
7. domina scit ancillam non laborare.
8. domina sciebat ancillam non laborare.
9. pater scit filium pecuniam amare.
10. pueri sciebant hunc magistrum bonum esse.

Exercise 62.6

Translate into English:
1. scimus omnes magistros sapientes esse.
2. dicunt Romanos oppidum oppugnare.
3. servi sciebant dominum iam appropinquare.
4. dux scit milites suos fortes esse.
5. magistri sciebant omnes puellas bene laborare.
6. scimus illum virum magnam vocem habere.
7. domina scit illam ancillam cenas bonas semper parare.
8. rex vidit cives urbem bene defendere.
9. Romani sciebant Graecos appropinquare.
10. sciebamus hunc senem ambulare non posse.

Now try applying the same technique with these <u>passive</u> infinitives:

Exercise 62.7

Translate into English:
1. Troiani viderunt suam urbem a Graecis oppugnari.
2. Troiani viderunt se a Graecis vinci.
3. cives Troiani sciebant urbem capi.
4. rex vidit templa Troiae ab hostibus deleri.
5. rex vidit multos cives a Graecis occidi.
6. cives nesciebant equum ingentem a Graecis aedificari.
7. Graeci viderunt equum in urbem a Troianis duci.
8. Ulixes audivit comites suos a Lotophagis teneri.
9. Ulixes sciebat se a deis puniri.
10. Ulixes vidit naves suas tempestate deleri.

Chapter 63: The Story of Odysseus (Part 8)
Place

Exercise 63.1

Panic!

1 Graeci timebant. Ulixes sciebat se comitesque suos in maximo periculo esse.

Polyphemus iratissimus erat. magna voce Graecis clamavit: 'hoc <u>antrum</u> meum, non vestrum, est. cur hic
5 adestis?'

antrum, -i n. = cave

Graeci omnem <u>spem</u> <u>deposuerunt</u>. Ulixes ipse Polyphemo <u>explicavit</u> se comitesque Graecos esse; claram urbem Troiam a se <u>captam esse</u>; se ad Graeciam redire et uxores liberosque iterum videre
10 velle. deinde <u>gigantem</u> cibum aquamque rogavit. 'iuva nos, deinde discedemus!', clamavit.

depono, -ere, deposui, depositim (3) = I give up
explico, -are (1) = I explain
captam esse = had been captured
gigas, gigantis m. = giant
iuvo, -are, iuvi, iutum (1) = I help

ille nihil respondit. <u>animal</u> crudele duos e Graecis in <u>manu</u> cepit, <u>capita</u> eorum contra <u>saxum</u> <u>fregit</u>, eos statim consumpsit. ceteri Graeci nihil facere poterant.

animal, animalis n. = animal
manu = hand
caput, capitis n. = head
saxum, -i n. = rock
frango, -ere, fregi, fractum (3) = I smash

(a copy of this passage in workbook format can be found on page 70.)

Exercise 63.2

1. From the passage above, give, in Latin, an example of:

   a. an infinitive;

   b. a reflexive pronoun;

   c. an adverb.

2. **maximo** (line 2). Give the nominative masculine singular of the positive form of this superlative adjective.

3. **Graecis** (line 12).

   a. In which case is this noun?

   b. Why is this case used?

4. **cepit** (line 13). For this verb, give:

   a. its person;

   b. its number;

   c. its tense;

   d. the 1st person singular of its present tense.

Vocabulary Box 51a		Vocabulary Box 51b	
spes, spei f.	hope	hope	spes, spei f.
animal, animalis n.	animal	animal	animal, animalis n.
iuvo, -are, iuvi, iutum (1)	I help	I help	iuvo, -are, iuvi, iutum (1)

Place

	AT/WHERE	TOWARDS	AWAY FROM
normal nouns	prepositions + abl. in agro *in the field*	prepositions + acc. ad agrum *to the field*	prepositions + abl. ex agro *out of the field*
cities and small islands	\multicolumn{3}{No prepositions! (in/ad/ex/ab etc.)}
	'locative' case – special ending (see separate note below) Romae *in/at Rome*	accusative <u>only</u> Romam *to Rome*	ablative <u>only</u> Roma *from Rome*
two special nouns: domus (*home*); rus (*country*)*	domi *at home* ruri *in the country*	domum *(to) home* rus *to the country*	domo *from home* rure *from the country*

[*not required for Common Entrance]

Examples of places in the locative case

	singular	plural
1st declension:	*same as genitive* Romae Corcyrae Antiochiae	*same as ablative* Athenis
2nd declension:	*same as genitive* Londinii Camuloduni Corinthi Rhodi Tarenti Mileti	*same as ablative* Philippis Delphis
3rd declension:	*-i/-e* Carthagini Neapoli	*same as ablative* Gadibus

Here is a table of the Latin equivalents of some towns, cities and small islands. They do not have to be memorised for Common Entrance (!). Some have specific historical associations which you may be interested to research!

	singular		plural	
1st declension:	Roma, -ae f. Antiochia, -ae f. Corcyra, -ae f. Lutetia, -ae f. Massilia, -ae f. Melita, -ae f. Olympia, -ae f. Troia, -ae f.	*Rome* *Antioch* *Corfu* *Paris* *Marseilles* *Malta* *Olympia* *Troy*	Athenae, -arum f. pl. Cannae, -arum f. pl. Mycenae, -arum f. pl. Syracusae, -arum f. pl. Thebae, -arum f. pl.	*Athens* *Cannae* *Mycenae* *Syracuse* *Thebes*
2nd declension:	Corinthus, -i f. Miletus, -i m. Pharsalus, -i f. Rhodus, -i f. Camulodunum, -i n. Eboracum, -i n. Glevum, -i n. Londinium, -i n. Mediolanum, -i n. Patavium, -i n. Tarentum, -i n.	*Corinth* *Miletus* *Pharsalus* *Rhodes* *Colchester* *York* *Gloucester* *London* *Milan* *Padua* *Tarentum*	Delphi, -orum m. pl. Philippi, -orum m. pl. Pompeii, -orum m. pl. Ostia, -orum n. pl.	*Delphi* *Philippi* *Pompeii* *Ostia*
3rd declension:	Aulis, Aulidis f. Carthago, -inis f. Neapolis, -is f.	*Aulis* *Carthage* *Naples*	Gades, -ium f. pl.	*Cadiz*

In the following two exercises each answer should start with one of the following words: *in, at, from* or *to*!

Exercise 63.3

Translate into English:

1. Romam
2. Athenis
3. Athenas
4. Romae
5. Roma
6. Lutetiae
7. Pompeios
8. Patavii
9. Delphos
10. Ostiis

Exercise 63.4

Translate into English:

1. Corintho
2. Camuloduno
3. Philippis
4. Eboracum
5. Aulidem
6. Mediolanum
7. Gadibus
8. Massiliam
9. Glevi
10. Rhodi

Exercise 63.5

Translate into English:

1. multae viae Romam ducunt.

2. multi Graeci Athenis habitabant.

3. multi Romani Roma Athenas iter faciebant.

4. Agamemnon erat dux clarus qui Mycenis habitabat.

5. naves Graecorum Aulide Troiam navigaverunt.

6. multi cives Romani a Boudicca Camuloduni necati sunt.

7. longa via Romana Londinio Eboracum ducebat.

8. multi Romani ab hostibus Cannis occisi sunt.

9. multi incolae monte Vesuvio Pompeiis et Neapoli perierunt.

10. Hannibal Carthagine Romam multis cum elephantis iter fecit.

Chapter 64 : The Story of Odysseus (Part 9)
Revision

Exercise 64.1

Polyphemus is tricked by Odysseus.

1 omnes Graeci magnopere timebant. iam viderant Polyphemum animal crudelissimum esse. Ulixes, qui audacissimus Graecorum erat, Polyphemum <u>dolo</u> superare constituit. <u>poculum</u> vini fortis ad <u>gigantem</u> tulit et haec verba ei
5 dixit:

'Polypheme, bibe hoc vinum quod nobiscum portamus. credimus id <u>dulcissimum</u> esse.'

<u>gigas</u> vinum statim bibit. deinde Ulixi clamavit:

'non erras, Graece. ego quoque credo hoc vinum optimum
10 esse. da mihi plus vini!'

Ulixes ei <u>poculum</u> secundum, deinde tertium, deinde quartum dedit. Polyphemus iam <u>ebrius</u> erat. ad terram subito <u>cecidit</u> et <u>obdormivit</u>.

Graeci, ubi viderunt Polyphemum dormire, <u>palum</u> ceperunt et
15 in <u>oculum</u> eius <u>truserunt</u>. ille statim magna voce clamavit. <u>caecus</u> et iratissimus erat. Graeci ex <u>antro quam celerrime</u> effugere cupiebant.

dolus, -i m. = trickery
poculum, -i n. = goblet
gigas, gigantis m. = giant

dulcis, -is, -e = sweet

ebrius, -a, -um = drunk
cado, -ere, cecidi, casum (3) = I fall
obdormio, -ire, -ivi, -itum (4) = I fall asleep
palus, -i m. = stake
oculus, -i m. = eye
trudo, -ere, trusi, trusum (3) = I thrust
caecus, -a, -um = blind
antrum, -i n. = cave
quam celerrime = as quickly as possible

(a copy of this passage in workbook format can be found on page 71.)
The story of Odysseus is continued in Nova Latina Book 4!

Exercise 64.2

1. From the passage above, give, in Latin, an example of:
   a. a relative pronoun;
   b. a noun in the vocative case;
   c. an ordinal number.

2. **vinum** (line 8).
   a. In which case is this noun?
   b. Why is this case used?

2. **optimum** (line 9). Give the nominative masculine singular of the positive form of this superlative adjective.

4. **dedit** (line 12). For this verb, give:
   a. its person;
   b. its number;
   c. its tense;
   d. the 1st person singular of its present tense.

Revision

Exercise 64.3

Translate into English:

1. plurimae naves a Romanis aedificatae sunt.

2. donum patri cras dabo.

3. veniesne mecum?

4. tempestates naves saepe delent.

5. naves tempestatibus saepe delentur.

Exercise 64.4

Translate into English:

1. pueri sapientes magistris numquam credunt.

2. multae gentes a Romanis victae sunt.

3. multi servi ex oppido iam effugerant.

4. noli illum servum bonum punire, domine!

5. dux virtutem omium militum laudavit.

Exercise 64.5

Translate into English:

1. domini crudeles a servis numquam amantur.

   ....

2. Romani totam urbem deleverunt.

   ....

3. ille servus malus ab hoc domino cras punietur.

   ....

4. pauci senes bene ambulare possunt.

   ....

5. multi Graecorum in illo proelio interfecti sunt.

   ....

Exercise 64.6

Translate into English:

1. Cleopatra pulcherrima omnium reginarum erat.

   ....

2. magna pecunia militibus a duce data erat.

   ....

3. illa navis ad insulam celeriter pellebatur.

   ....

4. omnes Londinium cras ibimus.

   ....

5. omnes scimus Graecos templa pulchra aedificare posse.

   ....

Exercise 64.7

Translate into English:

1. reginam ipsam in media urbe heri vidi.

2. Graecia a Romanis multos annos recta est.

3. naves celeres Graecos domos ferebant.

4. parva puella a matre relinqui nolebat.

5. illi captivi a custodibus bene custodiebantur.

Exercise 64.8

Translate into English:

1. clamores militum media nocte audivimus.

2. quis est ille magister qui semper magna voce clamat?

3. Ulixes comitesque in eadem nave ad Graeciam omnes redibant.

4. omnes pueri et puellae a magistris laudari amant.

5. Ulixes sciebat Graecos a gigante conspici nolle.

Nova Latina Book 3

English into Latin Practice

These 50 sentences are based on ISEB's prescribed CE Level 3 list (see List 3, pages 82-88), and each item occurs at least once. A suggested mark scheme would be two marks for a verb, one for anything else. If I've got things right each exercise should be worth 25 marks!

Exercise 64.9

Translate into Latin:

1. The soldiers captured the city.

   ……

2. All the slaves were running out of the town

   ……

3. The journey was always difficult.

   ……

4. Hand over the money immediately, slaves!

   ……

5. We often praise the famous king.

   ……

Exercise 64.10

Translate into Latin:

1. The slave girls were walking into the villa.

   ……

2. Bad teachers always shout.

   ……

3. The good citizens were praising the gods.

   ……

4. I showed the money to father.

   ……

5. Not all masters are savage.

   ……

Exercise 64.11

Translate into Latin:

1. Fight bravely, soldiers!

   ....

2. The citizens handed the money over to the enemy.

   ....

3. We saw many ships near the city.

   ....

4. The ships were beautiful.

   ....

5. The king's dinners are always good!

   ....

Exercise 64.12

Translate into Latin:

1. The men and women entered the temple.

   ....

2. The boy was eating dinner.

   ....

3. I put money in the temple.

   ....

4. The brave soldiers are fighting against the enemy.

   ....

5. We like small towns.

   ....

Exercise 64.13

Translate into Latin:

1. We didn't see many horses on the mountain.

   ....

2. The Romans built a city.

   ....

3. Look at all the temples, father!

   ....

4. You (sg) were fighting bravely against the slaves.

   ....

5. I am showing the letter to a friend.

   ....

Exercise 64.14

Translate into Latin:

1. Teachers like wine.

   ....

2. The sailors made a journey away from the city.

   ....

3. The wretched man did not have a son.

   ....

4. However, he was happy.

   ....

5. The master called his slaves into the villa.

   ....

Exercise 64.15

Translate into Latin:

1. The citizens were throwing swords down from the walls.

   ....

2. I have finally found the book!

   ....

3. Near the street there are many bodies.

   ....

4. We often used to fight for the Romans.

   ....

5. Run (sg) towards the king!

   ....

Exercise 64.16

Translate into Latin:

1. The walls of the city were big.

   ....

2. The maids are preparing a good dinner today.

   ....

3. Sailors, come soon!

   ....

4. The general led his men around the city.

   ....

5. We often used to warn bad boys.

   ....

Exercise 64.17

Translate into Latin:

1. You (pl) were walking slowly with your friends.

   ....

2. The wicked soldier once killed a little girl.

   ....

3. We saw the enemy near the river.

   ....

4. Come tomorrow, friends!

   ....

5. The journey was easy.

   ....

Exercise 64.18

Translate into Latin:

1. The woman's son was afraid of the girl.

   ....

2. The sad citizens are carrying the queen's body.

   ....

3. Soldiers never used to fight without spears.

   ....

4. We destroyed many Roman ships.

   ....

5. You (sg) never sent the book.

   ....

Reading Passages
in
Workbook Format

Exercise 54.1 (page 1)

The Trojan Aeneas urges his friends to abandon Troy.

1 Graeci urbem Troiam delebant. multos milites Troianos necabant. multa templa incendebant. multos cives capiebant. Aeneas princeps Troianus erat. ubi milites Graecos in media urbe stantes vidit, amicos
5 convocavit et haec verba eis dixit:

'amici, urbs nostra a Graecis capitur. in maximo periculo sumus. militis nostri necantur. templa nostra incenduntur. cives nostri capiuntur. effugere debemus. arma capite! domos relinquite! naves
10 parate! statim discedamus!'

arma igitur a Troianis capiuntur. domus relinquuntur. naves parantur. Aeneas et amici prope naves conveniunt et ex urbe Troia celeriter discedunt.

incendo, -ere, incendi 3 = I set on fire, I burn
princeps, principis m. = chieftain
stantes = standing
convoco (1) = I call together
a/ab + abl. = by
capitur = is being captured
necantur = are being killed
incenduntur = are being burned
capiuntur = are being captured
domos = homes
discedamus! = let's leave!
capiuntur = are taken
domus = homes
relinquuntur = are abandoned
parantur = are prepared
convenio, -ire, -veni (4) = I meet

Exercise 56.1 (page 8)

Ulysses (Odysseus) and the end of the war.

1 urbs Troia a Graecis capta est. Ulixes ipse laetissimus erat. hic erat qui Graecos illum equum ligneum aedificare iusserat. nunc haec verba comitibus dixit:

'amici, gens Graeca felicissima est. nos a deis
5 amamur. nonne a nobis Troia capta est? a nobis muri illius urbis deleti sunt. a nobis templa deleta sunt. paene omnes principes illorum Troianorum a nobis interfecti sunt. magna pecunia a nobis capta est. multa praemia habemus. illa Helena, quae a Menelao
10 magnopere amatur, ad Graeciam nunc reducitur. credite mihi, amici! mox omnes ad Graeciam redibimus! mox uxores nostras filiosque nostros filiasque nostras iterum videbimus!'

diu tamen Ulixes uxorem suam, Penelopen nomine,
15 non vidit. neque filium suum, Telemachum nomine, vidit. multos annos cum comitibus trans mare erravit et maxima pericula subiit.

capta est = was/has been taken
ipse = himself
hic = this (man); he
qui = who
illum = that
ligneus, -a, -um = wooden
haec = these
illius = of that
deleti/deleta sunt = were/have been destroyed
paene = almost
illorum = of those
interfecti sunt = were/have been killed
praemium, -i n. prize, reward
illa = that
quae = who
credo, -ere, credidi (3) + dat. = I believe, trust
redibimus = we shall return

Penelopen is the acc. of Penelope
neque = nor/and ... not
Telemachus, -i m. = Telemachus
multos annos = for many years
subiit = he underwent

Exercise 57.1 (page 17)

Odysseus reaches the land of the Lotus Eaters.

1 post decem annos tota urbs Troia a Graecis capta erat. muri deleti erant et templa incensa erant, neque multi Troiani effugere potuerant.

Ulixes comitesque ex urbe Troia discesserant et ad
5 Graeciam in navibus redibant. multos dies trans mare navigaverunt. tandem naves Graecorum ad terram Lotophagorum tempestate pulsae sunt. ei qui lotum consumunt semper dormire et in hac terra manere volunt.

10 Ulixes tres nautas ad oppidum Lotophagorum misit. hos nautas cibum aquamque petere et ad naves quattuor vel quinque horis redire iussit. ipse interea cum ceteris comitibus prope naves mansit. multas horas ibi manserunt. post septem horas tamen tres
15 nautae non redierant. a Lotophagis tenebantur. res Ulixem terrebat. sollicitus erat.

annus -i m. = year
totus, -a, -um = whole
capta erat = had been taken
deleti erant = had been estroyed
incensa erant = had been burned
Ulixes *is the Latin word for* Odysseus
dies = days
redibant = (they) were returning
Lotophagi, -orum m.pl. = Lotus Eaters
tempestas, tempestatis f. = storm
pello, -ere, pepuli, pulsum (3) = I drive
qui = who
lotus, -i f. = the fruit of the lotus
volunt = (they) want
peto, -ere, petivi, petitum (3) = I look for
vel = or
hora, -ae f. = hour
ipse = he himself
interea = meanwhile
redierant = they had returned
tenebantur = they were being held
res = the situation
sollicitus, -a, -um = worried

Exercise 58.1 (page 24)

Odysseus finds his three missing sailors.

1 Ulixes comitesque prope naves multas horas manserunt. tres nautae, qui ad Lotophagos missi erant, non redierant.

Lotophagi, -orum m. pl. = Lotus Eaters

tandem Ulixes sollicitus nautas petere constituit.
5 haec verba comitibus dixit: 'sollicitus sum. amici nostri non redierunt. diu absunt. fortasse a Lotophagis tenentur. ego eos petere volo. quis mecum venire vult?'

sollicitus, -a, -um = worried
fortasse = perhaps
volo = I want
vult = wants

comites inter se spectaverunt. deinde clamaverunt:
10 'hic manere nolumus. omnes tecum ire volumus. amici nostri a nobis mox liberabuntur.'

nolumus = we do not want
volumus = we want
liberabuntur = will be set free

Ulixes, ubi haec verba audivit, laetus erat. ille paucos comites custodes navibus reliquit. his clamavit: 'naves bene custodite! ego aliique paucis horis
15 redibimus. nautas mox inveniemus.'

custodes = as guards
custodio, -ire, custodivi, custoditum (4) = I guard

Ulixes comitesque ad oppidum Lotophagorum contenderunt. nautas, qui a Lotophagis tenebantur, mox invenerunt. sed ubi eos viderunt, attoniti erant.

contendo, -ere, contendi (3) = I march, I hurry
qui = who
tenebantur = were being held
attonitus, -a, -um = amazed

Exercise 59.1 (page 33)

Odysseus deals with his three missing sailors.

1 Ulixes, nautas <u>petens</u>, ad oppidum <u>Lotophagorum</u> advenerat. nautae a <u>Lotophagis</u> <u>tenebantur</u>. Ulixes, ubi eos vidit, <u>attonitus</u> erat. illi <u>enim</u> <u>semisomni</u> erant, neque se movere volebant.

5 'quid facitis?' eos rogavit Ulixes iratus. 'quid fecistis?'

nautae ei responderunt: noli iratus esse, Ulixes. <u>lotum</u> consumpsimus. <u>lotus</u> optima est. eam amamus. hic manere et dormire volumus. <u>domum</u> ire nolumus. nos hic relinque!'

10 Ulixes autem hoc facere nolebat. nautis clamavit: 'hoc facere nolo. ad naves statim <u>feremini</u>.' deinde comitibus clamavit: '<u>ferte</u> <u>funes</u>! hos nautas <u>funibus</u> <u>vincite</u>! deinde eos ad naves <u>ferte</u>!'

comites Ulixis ea <u>quae</u> iusserat fecerunt. nautas <u>funibus</u>
15 <u>vinxerunt</u>. nautae – his <u>funibus</u> <u>vincti</u>, magnis vocibus <u>clamantes</u> – ad naves <u>lati sunt</u>

petens = looking for
Lotophagi, -orum m.pl. = Lotus Eaters
tenebantur = (they) were being held
attonitus, -a, -um = amazed
enim = for
semisomni = half asleep

lotus, -i f. = the lotus fruit

domum = homeland

feremini = you will be carried
fero, ferre, tuli, latum (irreg) = I bring, carry
funis, -is m. = rope
vincio, -ire, vinxi, vinctum (4) = I tie up
quae = which (the things which)
vincti = tied up
clamantes = shouting
lati sunt = see *fero*, above

Exercise 60.1 (page 37)

Odysseus and his men leave the land of the Lotus Eaters

1 nautae qui lotum consumpserant ex oppido Lotophagorum ad naves a comitibus ferebantur. magnis vocibus clamabant quod domum redire nolebant.

   ei qui naves custodiebant, ubi hos nautas viderunt,
5 laetissimi erant. Ulixes ipse custodibus clamavit:

   'hi nautae in hac terra a Lotophagis manere cogebantur. lotum consumperunt. domum redire nolunt. eos in naves iacite! statim discedamus!

   Graeci, ubi nautas in naves iecerunt, omnia celeriter
10 paraverunt. hoc labore facto, in navibus – quae celerrimae erant – e terra Lotophagorum discedere poterant

qui = who
lotus, -i f. = the lotus fruit
Lotophagi, -orum m.pl. = Lotus Eaters

ipse = himself

cogo, -ere, coaegi, coactum (3) = I force
discedamus = let's leave!

labor, laboris m. = task
facto = having been done
quae = which
celerrimae = very fast

Exercise 61.1 (page 42)

Odysseus and his men get a surprise.

1 Ulixes comitesque a Lotophagis effugerant. multos dies multasque noctes navigaverunt. tandem ad terram advenerunt. in eadem terra gens gigantum habitabat. Graeci, ubi e navibus descenderunt, cenam in litore
5 paraverunt. deinde omnem noctem dormiverunt.

prima luce e somno surrexerunt. Ulixes et duodecim amici, ubi gladios et tela collegerunt, a litore in silvas iter fecerunt quod cibum aquamque petere volebant.

mox ad antrum, in quo multum cibi erat, advenerunt.
10 Graeci, ubi hunc cibum viderunt, laetissimi erant. cibum ad naves ferre constituerunt. Ulixes ipse eos festinare iussit. Graeci tamen, dum cibum ad naves ferunt, gigantem ingentem qui appropinquabat conspexerunt.

Lotophagi, -orum m.pl. = lotus-eaters
nox, noctis f. = night

eadem = the same
gigas, gigantis m. = giant
litus, litoris n. = beach

somnus, -i m. = sleep
surgo, -ere, surrexi, surrectum = I get up

antrum, -i n. = cave
ipse = himself
dum = while

Exercise 62.1 (page 45)

Trapped by Polyphemus.

1 Graeci videre poterant hunc gigantem iratum esse. sciebant se in magno periculo iam esse.

nomen huius gigantis Polyphemus erat. saevissimus et superbissimus erat. unum oculum in media fronte
5 habebat.

Ulixes ipse, ubi Polyphemum vidit, Graecis clamavit: 'audite me, comites! videre potestis nos in magno periculo iam esse. a gigante conspici nolumus. ad antrum statim redire et ibi nos celare debemus. statim!
10 festinate! Graeci igitur ad antrum celeriter contenderunt. ibi se celaverunt.

Polyphemus ipse mox advenit. in antrum intravit. deinde, ubi exitum antri saxo ingenti clausit, ignem fecit. tum luce flammarum conspexit Graecos in suo
15 antro adesse.

gigas, gigantis m. = giant
esse = was/were/are
scio (4) = I know

superbus, -a. -um = arrogant
oculus, -i m. = eye
frons, frontis f. = forehead

antrum, -i n. = cave
(me) celo, -are = I hide (myself)

exitus, -us m. = exit
saxum, -i n. = rock
claudo, -ere, clausi, clausum (3) = I shut
ignis, -is m. = fire
flamma, -ae f. = flame
adesse = were present

Exercise 63.1 (page 48)

Panic!

1 Graeci timebant. Ulixes sciebat se comitesque suos in maximo periculo esse.

Polyphemus iratissimus erat. magna voce Graecis clamavit: 'hoc <u>antrum</u> meum, non vestrum, est. cur hic
5 adestis?'

antrum, -i n. = cave

Graeci omnem <u>spem</u> <u>deposuerunt</u>. Ulixes ipse Polyphemo <u>explicavit</u> se comitesque Graecos esse; claram urbem Troiam a se <u>captam esse</u>; se ad Graeciam redire et uxores liberosque iterum videre
10 velle. deinde <u>gigantem</u> cibum aquamque rogavit. 'iuva nos, deinde discedemus!', clamavit.

depono, -ere, deposui, depositim (3) = I give up
explico, -are (1) = I explain
captam esse = had been captured
gigas, gigantis m. = giant
iuvo, -are, iuvi, iutum (1) = I help

ille nihil respondit. <u>animal</u> crudele duos e Graecis in <u>manu</u> cepit, <u>capita</u> eorum contra <u>saxum</u> <u>fregit</u>, eos statim consumpsit. ceteri Graeci nihil facere poterant.

animal, animalis n. = animal
manu = hand
caput, capitis n. = head
saxum, -i n. = rock
frango, -ere, fregi, fractum (3) = I smash

Exercise 64.1 (page 52)

Polyphemus is tricked by Odysseus.

1 omnes Graeci magnopere timebant. iam viderant Polyphemum animal crudelissimum esse. Ulixes, qui audacissimus Graecorum erat, Polyphemum <u>dolo</u> superare constituit. <u>poculum</u> vini fortis ad <u>gigantem</u> tulit et haec verba ei
5 dixit:

'Polypheme, bibe hoc vinum quod nobiscum portamus. credimus id <u>dulcissimum</u> esse.'

<u>gigas</u> vinum statim bibit. deinde Ulixi clamavit:

'non erras, Graece. ego quoque credo hoc vinum optimum
10 esse. da mihi plus vini!'

Ulixes ei <u>poculum</u> secundum, deinde tertium, deinde quartum dedit. Polyphemus iam <u>ebrius</u> erat. ad terram subito <u>cecidit</u> et <u>obdormivit</u>.

Graeci, ubi viderunt Polyphemum dormire, <u>palum</u> ceperunt et
15 in <u>oculum</u> eius <u>truserunt</u>. ille statim magna voce clamavit. <u>caecus</u> et iratissimus erat. Graeci ex <u>antro</u> <u>quam celerrime</u> effugere cupiebant.

dolus, -i m. = trickery
poculum, -i n. = goblet
gigas, gigantis m. = giant

dulcis, -is, -e = sweet

ebrius, -a, -um = drunk
cado, -ere, cecidi, casum (3) = I fall
obdormio, -ire, -ivi, -itum (4) = I fall asleep
palus, -i m. = stake
oculus, -i m. = eye
trudo, -ere, trusi, trusum (3) = I thrust
caecus, -a, -um = blind
antrum, -i n. = cave
quam celerrime = as quickly as possible

Reference Section

List 1:	Vocabulary Checklist	74
List 2:	Principal Parts Checklist	79

English-into-Latin Sentences Revision

List 3a:	Latin only checklist	82
List 3b:	English-Latin alphabetical	83
List 3c:	English-Latin by word-type	85
List 3d:	English-Latin word groupings	87

Grammar Reference

List 4a:	Grammatical terms	89
List 4b:	Nouns	91
List 4c:	Adjectives	93
List 5:	Pronouns	98
List 6:	Other tables	99
List 7:	Verbs	102

Level 1 Revision Check-list	107
Level 2 Revision Check-list	108
Level 3 Revision Check-list	109

List 8:	English-Latin Quick Reference	110
List 9:	Latin-English Quick Reference	116

Nova Latina Book 3

List 1: Vocabulary Checklist

Adjectives
1. alius — other
2. altus — high, deep
3. audax — bold, daring
4. bonus — good
5. carus — dear
6. celer — swift, quick
7. ceteri — the rest of
8. clarus — clear, bright, famous
9. crudelis — cruel
10. difficilis — difficult
11. facilis — easy
12. felix — lucky, fortunate
13. fessus — tired
14. fortis — brave
15. Graecus — Greek
16. hic — this
17. idem — the same
18. ille — that
19. ingens — huge
20. ipse — -self
21. iratus — angry
22. laetus — happy
23. longus — long
24. magnus — big, great
25. malus — bad, evil, wicked
26. meus — my
27. miser — miserable
28. mortuus — dead
29. multus — much, many
30. nobilis — noble
31. noster — our
32. notus — well known
33. novus — new
34. omnis — all, every
35. parvus — small
36. pauci — few
37. pulcher — beautiful, handsome
38. Romanus — Roman
39. sacer — sacred
40. saevus — savage
41. sapiens — wise
42. solus — alone
43. superbus — proud, arrogant
44. suus — his/her/their own
45. totus — whole, entire
46. tristis — sad
47. Troianus — Trojan
48. tutus — safe
49. tuus — your (sg)
50. validus — strong
51. vester — your (pl)
52. vivus — alive

Adverbs
53. bene — well
54. celeriter — quickly
55. cras — tomorrow
56. diu — for a long time
57. forte — by chance
58. fortiter — bravely
59. frustra — in vain
60. heri — yesterday
61. hic — here
62. hodie — today
63. iam — now, already
64. ibi — there
65. interea — meanwhile
66. iterum — again
67. lente — slowly
68. magnopere — greatly
69. medius — middle of
70. mox — soon
71. non — not
72. numquam — never
73. nunc — now, later
74. olim — one day
75. paene — almost
76. postea — afterwards
77. quam — than
78. saepe — often
79. semper — always
80. sic — in this way, thus
81. statim — immediately
82. subito — suddenly
83. tandem — finally
84. tum — then

Conjunctions

85.	aut	or
86.	autem	however
87.	antequam	before
88.	deinde	then, next
89.	dum	while
90.	et	and
91.	et ... et ...	both ... and ...
92.	etiam	also, even
93.	igitur	therefore
94.	itaque	and so
95.	nam	for
96.	nec/neque	nor/and... not
97.	postquam	after
98.	quamquam	although
99.	-que	and
100.	quod	because
101.	quoque	also
102.	sed	but
103.	tamen	however
104.	ubi	when

Interrogatives (question words)

105.	cur?	why?
106.	-ne	(indicates a question)
107.	nonne?	surely? (expecting 'yes')
108.	num?	surely ... not? (expecting 'no')
109.	quid?	what?
110.	quis?	who?
111.	ubi?	where?

Nouns

112.	ancilla	slave girl, maidservant
113.	aqua	water
114.	cena	dinner
115.	copiae	troops, forces
116.	dea	goddess
117.	domina	mistress
118.	epistula	letter
119.	femina	woman
120.	filia	daughter
121.	Graecia	Greece
122.	hasta	spear
123.	hora	hour
124.	insula	island
125.	ira	anger
126.	mora	delay
127.	patria	homeland
128.	pecunia	money
129.	puella	girl
130.	regina	queen
131.	Roma	Rome
132.	sagitta	arrow
133.	silva	wood
134.	terra	land
135.	Troia	Troy
136.	turba	crowd
137.	unda	wave
138.	via	road
139.	villa	villa
140.	agricola	farmer
141.	incola	inhabitant
142.	nauta	sailor
143.	poeta	poet
144.	ager	field
145.	amicus	friend
146.	annus	year
147.	captivus	prisoner
148.	cibus	food
149.	deus	god
150.	dominus	master
151.	equus	horse
152.	filius	son
153.	gladius	sword
154.	hortus	garden
155.	somnus	sleep
156.	liber	book
157.	liberi	children
158.	libertus	freedman, ex-slave
159.	locus	place
160.	magister	teacher, master
161.	maritus	husband
162.	murus	wall
163.	nuntius	messenger
164.	puer	boy
165.	servus	slave
166.	socius	ally
167.	ventus	wind
168.	vir	man
169.	arma	weapons
170.	aurum	gold
171.	auxilium	help
172.	bellum	war
173.	caelum	sky
174.	consilium	plan
175.	donum	gift
176.	forum	forum, market place
177.	oppidum	town
178.	periculum	danger
179.	praemium	reward, prize
180.	proelium	battle
181.	scutum	shield
182.	telum	spear, javelin
183.	templum	temple
184.	verbum	word
185.	vinum	wine
186.	civis	citizen
187.	clamor	shout

#	Latin	English
188.	comes	companion
189.	custos	guard
190.	dux	leader
191.	frater	brother
192.	gens	race, tribe
193.	homo	man, person
194.	hostes	enemy
195.	iuvenis	young man
196.	labor	work
197.	lux	light
198.	mater	mother
199.	miles	soldier
200.	mons	mountain
201.	mors	death
202.	mulier	woman
203.	navis	ship
204.	nox	night
205.	parens	parent
206.	pars	part
207.	pater	father
208.	princeps	chieftain
209.	rex	king
210.	senex	old man
211.	soror	sister
212.	tempestas	storm
213.	urbs	city
214.	uxor	wife
215.	virtus	bravery
216.	vox	voice
217.	animal	animal
218.	corpus	body
219.	flumen	river
220.	iter	journey
221.	mare	sea
222.	nomen	name
223.	opus	task
224.	vulnus	wound
225.	dies	day
226.	fides	faith, trust
227.	res	thing, affair
228.	spes	hope
229.	nemo	noone
230.	nihil	nothing

Numbers

231.	unus	one
232.	duo	two
233.	tres	three
234.	quattuor	four
235.	quinque	five
236.	sex	six
237.	septem	seven
238.	octo	eight
239.	novem	nine
240.	decem	ten
241.	undecim	eleven
242.	duodecim	twelve
243.	tredecim	thirteen
244.	quattuordecim	fourteen
245.	quindecim	fifteen
246.	sedecim	sixteen
247.	septendecim	seventeen
248.	duodeviginti	eighteen
249.	undeviginti	nineteen
250.	viginti	twenty
251.	triginta	thirty
252.	quadraginta	forty
253.	quinquaginta	fifty
254.	sexaginta	sixty
255.	septuaginta	seventy
256.	octoginta	eighty
257.	nonaginta	ninety
258.	centum	a hundred
259.	mille	a thousand
260.	primus	first
261.	secundus	second
262.	tertius	third
263.	quartus	fourth
264.	quintus	fifth
265.	sextus	sixth
266.	septimus	seventh
267.	octavus	eighth
268.	nonus	ninth
269.	decimus	tenth

Prepositions

270.	a/ab + abl	away from
271.	cum + abl	with
272.	de + abl	down from, about
273.	e/ex + abl	out of
274.	pro + abl	for
275.	sine + abl	without
276.	sub + abl	under
277.	ad + acc	to, towards
278.	ante + acc	before
279.	circum + acc	around
280.	contra + acc	against
281.	inter + acc	between, among
282.	per + acc	through, along
283.	post + acc	after
284.	prope + acc	near
285.	propter + acc	on account of
286.	super + acc	above
287.	trans + acc	across
288.	in + abl	in, on
289.	in + acc	into

Pronouns

290.	ego	I
291.	is	he, she, it
292.	nos	we
293.	qui	who
294.	se	him/herself, themselves
295.	tu	you (sg)
296.	vos	you (pl)

Verbs (1)

297.	aedifico	build
298.	ambulo	walk
299.	amo	love, like
300.	appropinquo	approach
301.	canto	sing
302.	clamo	shout
303.	do	give
304.	erro	wander, be wrong
305.	exspecto	wait for
306.	festino	hurry
307.	habito	live
308.	intro	enter
309.	iuvo	help
310.	laboro	work
311.	laudo	praise
312.	libero	set free
313.	narro	tell
314.	navigo	sail
315.	neco	kill
316.	nuntio	announce
317.	occupo	seize
318.	oppugno	attack
319.	paro	prepare
320.	porto	carry
321.	pugno	fight
322.	rogo	ask, ask for
323.	saluto	greet
324.	servo	save
325.	specto	watch, look at
326.	sto	stand
327.	supero	overcome
328.	voco	call
329.	vulnero	wound

Verbs (2)

330.	debeo	have to, must
331.	deleo	destroy
332.	habeo	have
333.	iubeo	order
334.	maneo	stay
335.	moneo	warn
336.	moveo	move
337.	respondeo	reply
338.	rideo	laugh
339.	teneo	hold
340.	terreo	frighten
341.	timeo	fear
342.	video	see

Verbs (3)
343. bibo — drink
344. cogo — force
345. colligo — collect
346. constituo — decide
347. consumo — eat
348. contendo — march, hurry
349. credo — believe
350. curro — run
351. defendo — defend
352. dico — say
353. discedo — depart
354. duco — lead
355. gero — wage, carry on
356. lego — read; choose
357. ludo — play
358. mitto — send
359. occido — kill
360. ostendo — show
361. pello — drive
362. peto — seek
363. pono — put
364. reduco — lead back
365. rego — rule
366. relinquo — abandon
367. ruo — charge
368. scribo — write
369. trado — hand over
370. vinco — conquer

Verbs (3½)
371. accipio — receive
372. capio — take, capture
373. conspicio — catch sight of
374. cupio — want
375. effugio — escape
376. facio — do, make
377. fugio — flee
378. iacio — throw
379. interficio — kill

Verbs (4)
380. advenio — arrive
381. audio — hear, listen to
382. convenio — meet
383. dormio — sleep
384. invenio — find
385. punio — punish
386. venio — come

Verbs (irreg)
387. absum — be away
388. adsum — be present
389. adeo — go to
390. eo — go
391. exeo — go out
392. fero — bring, carry
393. ineo — go in
394. inquit/inquiunt — he/they say/said
395. noli/nolite — do not …!
396. nolo — not want, refuse
397. pereo — perish
398. possum — am able, can
399. redeo — return
400. sum — be
401. transeo — cross
402. volo — wish

List 2: Principal Parts Checklist

	present tense	infinitive	perfect tense	supine	
e.g.	I build	to build	I built/I have built	built	

First Conjugation

#	present	infinitive	perfect	supine	meaning
297.	aedifico	aedificare	aedificavi	aedificatum	build
298.	ambulo	ambulare	ambulavi	ambulatum	walk
299.	amo	amare	amavi	amatum	love, like
300.	appropinquo	-quare	-quavi	-quatum	approach
301.	canto	cantare	cantavi	cantatum	sing
302.	clamo	clamare	clamavi	clamatum	shout
303.	do	dare	dedi	datum	give
304.	erro	errare	erravi	erratum	wander, be wrong
305.	exspecto	exspectare	exspectavi	exspectatum	wait for
306.	festino	festinare	festinavi	festinatum	hurry
307.	habito	habitare	habitavi	habitatum	live
308.	intro	intrare	intravi	intratum	enter
309.	iuvo	iuvare	iuvi	iutum	help
310.	laboro	laborare	laboravi	laboratum	work
311.	laudo	laudare	laudavi	laudatum	praise
312.	libero	liberare	liberavi	liberatum	set free
313.	narro	narrare	narravi	narratum	tell
314.	navigo	navigare	navigavi	navigatum	sail
315.	neco	necare	necavi	necatum	kill
316.	nuntio	nuntiare	nuntiavi	nuntiatum	announce
317.	occupo	occupare	occupavi	occupatum	seize
318.	oppugno	oppugnare	oppugnavi	oppugnatum	attack
319.	paro	parare	paravi	paratum	prepare
320.	porto	portare	portavi	portatum	carry
321.	pugno	pugnare	pugnavi	pugnatum	fight
322.	rogo	rogare	rogavi	rogatum	ask, ask for
323.	saluto	salutare	salutavi	salutatum	greet
324.	servo	servare	servavi	servatum	save
325.	specto	spectare	spectavi	spectatum	watch, look at
326.	sto	stare	steti	statum	stand
327.	supero	superare	superavi	superatum	overcome
328.	voco	vocare	vocavi	vocatum	call
329.	vulnero	vulnerare	vulneravi	vulneratum	wound

Second Conjugation

#	present	infinitive	perfect	supine	meaning
330.	debeo	debere	debui	debitum	have to, must
331.	deleo	delere	delevi	deletum	destroy
332.	habeo	habere	habui	habitum	have
333.	iubeo	iubere	iussi	iussum	order
334.	maneo	manere	mansi	mansum	stay
335.	moneo	monere	monui	monitum	warn
336.	moveo	movere	movi	motum	move
337.	respondeo	respondere	respondi	responsum	reply
338.	rideo	ridere	risi	risum	laugh
339.	teneo	tenere	tenui	tentum	hold
340.	terreo	terrere	terrui	territum	frighten
341.	timeo	timere	timui	-	fear
342.	video	videre	vidi	visum	see

Third Conjugation

343.	bibo	bibere	bibi	bibitum	drink
344.	cogo	cogere	coegi	coactum	force
345.	colligo	colligere	collegi	collectum	collect
346.	constituo	constituere	constitui	constitutum	decide
347.	consumo	consumere	consumpsi	consumptum	eat
348.	contendo	contendere	contendi	contentum	march, hurry
349.	credo	credere	credidi	creditum + dat.	believe
350.	curro	currere	cucurri	cursum	run
351.	defendo	defendere	defendi	defensum	defend
352.	dico	dicere	dixi	dictum	say
353.	discedo	discedere	discessi	discessum	depart
354.	duco	ducere	duxi	ductum	lead
355.	gero	gerere	gessi	gestum	wage, carry on
356.	lego	legere	legi	lectum	read; choose
357.	ludo	ludere	lusi	lusum	play
358.	mitto	mittere	misi	missum	send
359.	occido	occidere	occidi	occisum	kill
360.	ostendo	ostendere	ostendi	ostentum	show
361.	pello	pellere	pepuli	pulsum	drive
362.	peto	petere	petivi	petitum	seek
363.	pono	ponere	posui	positum	put
364.	reduco	reducere	reduxi	reductum	lead back
365.	rego	regere	rexi	rectum	rule
366.	relinquo	relinquere	reliqui	relictum	abandon
367.	ruo	ruere	rui	rutum	charge
368.	scribo	scribere	scripsi	scriptum	write
369.	trado	tradere	tradidi	traditum	hand over
370.	vinco	vincere	vici	victum	conquer

Mixed Conjugation (3½)

371.	accipio	accipere	accepi	acceptum	receive
372.	capio	capere	cepi	captum	take, capture
373.	conspicio	conspicere	conspexi	conspectum	catch sight of
374.	cupio	cupere	cupivi	cupitum	want
375.	effugio	effugere	effugi	-	escape
376.	facio	facere	feci	factum	do, make
377.	fugio	fugere	fugi	-	flee
378.	iacio	iacere	ieci	iactum	throw
379.	interficio	interficere	interfeci	interfectum	kill

Fourth Conjugation

380.	advenio	advenire	adveni	adventum	arrive
381.	audio	audire	audivi	auditum	hear, listen to
382.	convenio	convenire	conveni	conventum	meet
383.	dormio	dormire	dormivi	dormitum	sleep
384.	invenio	invenire	inveni	inventum	find
385.	punio	punire	punivi	punitum	punish
386.	venio	venire	veni	ventum	come

Irregulars

387.	absum	abesse	afui		be away
388.	adsum	adesse	adfui		be present
389.	adeo	adire	adii	aditum	go to
390.	eo	ire	ii/ivi	itum	go
391.	exeo	exire	exii	exitum	go out
392.	fero	ferre	tuli	latum	bring, carry
393.	ineo	inire	inii	initum	go in
394.	inquit/inquiunt				he/they say/said
395.	noli/nolite				do not … !
396.	nolo	nolle	nolui		not want, refuse
397.	pereo	perire	perii		perish
398.	possum	posse	potui		be able
399.	redeo	redire	redii	reditum	return
400.	sum	esse	fui		be
401.	transeo	transire	transii	transitum	cross
402.	volo	velle	volui		wish

List 3: English-into-Latin Sentences Revision

List 3a: Latin only checklist

a/ab	epistula	miles	pulcher
ad	equus	miser	regina
aedifico	et	mitto	rex
ambulo	facilis	moneo	Romanus
amicus	facio	mons	saepe
amo	femina	mox	saevus
ancilla	filius	multus	semper
bonus	flumen	murus	servus
capio	fortis	nauta	sine
cena	fortiter	navis	specto
circum	gladius	neco	statim
civis	habeo	non	sum
clamo	hasta	numquam	tamen
clarus	hodie	olim	tandem
consumo	hostes	omnis	templum
contra	iacio	oppidum	timeo
corpus	in + abl	ostendo	trado
cras	in + acc	paro	tristis
cum	intro	parvus	urbs
curro	invenio	pater	venio
de	iter	pecunia	via
deleo	laetus	pono	video
deus	laudo	porto	villa
difficilis	lente	pro	vinum
dominus	liber	prope	vir
duco	magister	puella	voco
dux	magnus	puer	
e/ex	malus	pugno	

List 3b: English-Latin alphabetical checklist

about	de + abl.	good	bonus, -a, -um
against	contra + acc.	great	magnus, -a, -um
all	omins, -is, -e	hand over	trado, -ere, tradidi (3)
always	semper	handsome	pulcher, -chra, -chrum
and	et	happy	laetus, -a, -um
around	circum + acc.	have	habeo, -ere, -ui (2)
at last	tandem	horse	equus, -i m.
away from	a/ab + abl.	house	villa, -ae f.
bad	malus, -a, -um	however	tamen
be	sum, esse, fui (irreg)	immediately	statim
be afraid of	timeo, -ere, -ui (2)	in	in + abl.
beautiful	pulcher, -chra, -chrum	into	in + acc.
big	magnus, -a, -um	journey	iter, itineris n.
body	corpus, corporis n.	kill	neco, -are, -avi (1)
book	liber, libri m.	king	rex, regis m.
boy	puer, pueri m.	large	magnus, -a, -um
brave	fortis, -is, -e	lead	duco, -ere, duxi (3)
bravely	fortiter	letter	epistula, -ae f.
bright	clarus, -a, -um	like	amo, -are, -avi (1)
build	aedifico, -are, -avi (1)	little	parvus, -a, -um
call	voco, -are, -avi (1)	look at	specto, -are, -avi (1)
capture	capio, -ere, cepi (3½)	love	amo , -are, -avi (1)
carry	porto, -are, -avi (1)	maidservant	ancilla, -ae f.
citizen	civis, -is m.	make	facio, -ere, feci (3½)
city	urbs, urbis f.	man	vir, viri m.
clear	clarus, -a, -um	many	multus, -a, -um
come	venio, -ire, veni (4)	master	dominus, -i m; magister, -tri m.
cruel	saevus, -a, -um	meal	cena, -ae f.
destroy	deleo, -ere, delevi (2)	miserable	miser, -era, -erum
difficult	difficilis, -is, -e	money	pecunia, -ae f.
dinner	cena, -ae f.	mountain	mons, montis m.
do	facio, -ere, feci (3½)	much	multus, -a, -um
down from	de + abl.	near	prope + acc.
easy	facilis, -is, -e	never	numquam
eat	consumo, -ere, consumpsi (3)	not	non
enemy	hostes, hostium m. pl.	often	saepe
enter	intro, -are, -avi (1)	on	in + abl.
every	omnis, -is, -e	on behalf of	pro + abl.
evil	malus, -a, -um	once	olim
famous	clarus, -a, -um	once upon a time	olim
father	pater, patris m.	one day	olim
fear	timeo, -ere, timui (2)	onto	in + acc.
fight	pugno, -are, -avi (1)	out of	e/ex + abl.
finally	tandem	place	pono, -ere, posui (3)
find	invenio, -ire, inveni, inventum (4)	praise	laudo, -are, -avi (1)
		prepare	paro, -are, -avi (1)
for	pro + abl.	put	pono, -ere, posui (3)
friend	amicus, -i m.	queen	regina, -ae f.
from	a/ab + abl.	river	flumen, fluminis n.
girl	puella, -ae f.	road	via, -ae f.
god	deus, -i m.	Roman	Romanus, -a, -um
go in	intro, -are, -avi (1)	run	curro, -ere, cucurri (3)

sad	tristis, -is, -e	temple	templum, -i n.
sailor	nauta, -ae m.	throw	iacio, -ere, ieci, iactum (3½)
savage	saevus, -a, -um	to	ad + acc.
see	video, -ere, vidi (2)	today	hodie
send	mitto, -ere, misi, missum (3)	tomorrow	cras
ship	navis, navis f.	towards	ad + acc.
shout	clamo, -are, -avi (1)	town	oppidum, -i n.
show	ostendo, -ere, ostendi (3)	unhappy	miser, -era, -erum
slave	servus, -i m.	villa	villa, -ae f.
slavegirl	ancilla, -ae f.	walk	ambulo, -are, -avi (1)
slowly	lente	wall	murus, -i m.
small	parvus, -a, -um	warn	moneo, -ere, -ui (2)
soldier	miles, militis m.	watch	specto, -are, -avi (1)
son	filius, -i m.	wicked	malus, -a, -um
soon	mox	wine	vinum, -i n.
spear	hasta, -ae f.	with	cum + abl.
street	via, -ae f.	without	sine + abl.
sword	gladius, -i m.	woman	femina, -ae f.
take	capio, -ere, cepi (3½)	wretched	miser, -era, -erum
teacher	magister, -tri m.		

List 3c: English-Latin by word-type

Adjectives
1. all — omnis, -is, -e
2. bad — malus, -a, -um
3. beautiful — pulcher, -chra, -chrum
4. big — magnus, -a, -um
5. brave — fortis, -is, -e
6. bright — clarus, -a, -um
7. clear — clarus, -a, -um
8. cruel — saevus, -a, -um
9. difficult — difficilis, -is, -e
10. easy — facilis, -is, -e
11. every — omnis, -is, -e
12. evil — malus, -a, -um
13. famous — clarus, -a, -um
14. good — bonus, -a, -um
15. great — magnus, -a, -um
16. handsome — pulcher, -chra, -chrum
17. happy — laetus, -a, -um
18. large — magnus, -a, -um
19. little — parvus, -a, -um
20. many — multus, -a, -um
21. miserable — miser, -era, -erum
22. much — multus, -a, -um
23. Roman — Romanus, -a, -um
24. sad — tristis, -is, -e
25. savage — saevus, -a, -um
26. small — parvus, -a, -um
27. unhappy — miser, -era, -erum
28. wicked — malus, -a, -um
29. wretched — miser, -era, -erum

Nouns
30. body — corpus, corporis n.
31. book — liber, libri m.
32. boy — puer, -i m.
33. citizen — civis, civis m.
34. city — urbs, urbis f.
35. dinner — cena, -ae f.
36. enemy — hostes, hostium m. pl.
37. father — pater, patris m.
38. friend — amicus, -i m.
39. general — dux, ducis m.
40. girl — puella, -ae f.
41. god — deus, -i m.
42. horse — equus, -i m.
43. journey — iter, itineris n.
44. king — rex, regis m.
45. leader — dux, ducis m.
46. letter — epistula, -ae f.
47. maidservant — ancilla, -ae f.
48. man — vir, viri m.
49. master — dominus, -i m.; magister, -tri m.
50. meal — cena, -ae f.
51. money — pecunia, -ae f.
52. mountain — mons, montis m.
53. queen — regina, -ae f.
54. river — flumen, fluminis n.
55. road — via, -ae f.
56. sailor — nauta, -ae m.
57. ship — navis, navis f.
58. slave — servus, -i m.
59. slavegirl — ancilla, -ae f.
60. soldier — miles, militis m.
61. son — filius, -i m.
62. spear — hasta, ae f.
63. street — via, -ae f.
64. sword — gladius, -i m.
65. teacher — magister, -tri m.
66. temple — templum, -i n.
67. town — oppidum, -i n.
68. villa — villa, -ae f.
69. wall — murus, -i m.
70. wine — vinum, -i n.
71. woman — femina, -ae f.

Prepositions
72. about — de + abl.
73. against — contra + acc.
74. around — circum + acc.
75. away from — a/ab + abl.
76. down from — de + abl.
77. for — pro + abl.
78. in, on — in + abl.
79. into, onto — in + acc.
80. near — prope + acc.
81. on behalf of — pro + abl.
82. out of — e/ex + abl.
83. to, towards — ad + acc.
84. with — cum + abl.
85. without — sine + abl.

Verbs

86.	be	sum, esse, fui (irreg)	113.	see	video, -ere vidi (2)
87.	build	aedifico, -are, -avi (1)	114.	send	mitto, -ere, misi (3)
88.	call	voco, -are, -avi (1)	115.	shout	clamo, -are, -avi (1)
89.	capture	capio, -ere, cepi (3½)	116.	show	ostendo, -ere, ostendi (3)
90.	carry	porto, -are, -avi (1)	117.	take	capio, -ere, cepi (3½)
91.	come	venio, -ire, veni (4)	118.	throw	iacio, -ere, ieci (3½)
92.	destroy	deleo, -ere delevi (2)	119.	walk	ambulo, -are, -avi (1)
93.	do	facio, -ere, feci (3½)	120.	warn	moneo, -ere, -ui (2)
94.	eat	consumo, -ere, consumpsi (3)	121.	watch	specto, -are, -avi (1)
95.	enter	intro, -are, -avi (1)			
96.	fear	timeo, -ere -ui (2)	**Others**		
97.	find	invenio, -ire, inveni (4)	122.	always	semper
98.	fight	pugno, -are, -avi (1)	123.	and	et
99.	go in	intro, -are, -avi (1)	124.	at last	tandem
100.	hand over	trado, -ere, tradidi (3)	125.	at once	statim
101.	have	habeo, -ere, -ui (2)	126.	bravely	fortiter
102.	kill	neco, -are, -avi (1)	127.	finally	tandem
103.	lead	duco, -ere, duxi (3)	128.	however	tamen
104.	like	amo, -are, -avi (1)	129.	immediately	statim
105.	look at	specto, -are, -avi (1)	130.	never	numquam
106.	love	amo, -are, -avi (1)	131.	not	non
107.	make	facio, -ere, feci (3½)	132.	often	saepe
108.	place	pono, -ere, posui (3)	133.	once	olim
109.	praise	laudo, -are, -avi (1)	134.	one day	olim
110.	prepare	paro, -are, -avi (1)	135.	slowly	lente
111.	put	pono, -ere, posui (3)	136.	soon	mox
112.	run	curro, -ere, cucurri (3)	137.	today	hodie
			138.	tomorrow	cras

List 3d: English-Latin word groupings

Adjectives
1. bad — malus, -a, -um
2. big — magnus, -a, -um
3. bright — clarus, -a, -um
4. clear — clarus, -a, -um
5. cruel — saevus, -a, -um
6. evil — malus, -a, -um
7. famous — clarus, -a, -um
8. good — bonus, -a, -um
9. great — magnus, -a, -um
10. happy — laetus, -a, -um
11. large — magnus, -a, -um
12. little — parvus, -a, -um
13. many — multus, -a, -um
14. much — multus, -a, -um
15. Roman — Romanus, -a, -um
16. savage — saevus, -a, -um
17. small — parvus, -a, -um
18. wicked — malus, -a, -um

19. beautiful — pulcher, -chra, -chrum
20. handsome — pulcher, -chra, -chrum
21. miserable — miser, -era, -erum
22. unhappy — miser, -era, -erum
23. wretched — miser, -era, -erum

24. all — omnis, -is, -e
25. brave — fortis, -is, -e
26. difficult — difficiilis, -is, -e
27. easy — facilis, -is, -e
28. every — omnis, -is, -e
29. sad — tristis, -is, -e

Nouns
30. dinner — cena, -ae f.
31. girl — puella, -ae f.
32. letter — epistula, -ae f.
33. maidservant — ancilla, -ae f.
34. meal — cena, -ae f.
35. money — pecunia, -ae f.
36. queen — regina, -ae f.
37. road — via, -ae f.
38. sailor — nauta, -ae m.
39. slavegirl — ancilla, -ae f.
40. spear — hasta, ae f.
41. street — via, -ae f.
42. villa — villa, -ae f.
43. woman — femina, -ae f.

44. friend — amicus, -i m.
45. god — deus, -i m.
46. horse — equus, -i m.
47. master — dominus, -i m.
48. slave — servus, -i m.
49. son — filius, -i m.
50. sword — gladius, -i m.
51. wall — murus, -i m.

52. book — liber, libri m.
53. boy — puer, -i m.
54. man — vir, viri m.
55. teacher — magister, -tri m.

56. temple — templum, -i n.
57. town — oppidum, -i n.
58. wine — vinum, -i n.

59. citizen — civis, civis m.
60. enemy — hostes, hostium m. pl.
61. father — pater, patris m.
62. king — rex, regis m.
63. leader — dix, ducis m.
64. mountain — mons, montis m.
65. soldier — miles, militis m.
66. general — dux, ducis m.

67. city — urbs, urbis f.
68. ship — navis, navis f.

69. body — corpus, corporis n.
70. journey — iter, itineris n.
71. river — flumen, fluminis n.

Prepositions
73. against — contra + acc.
74. around — circum + acc.
75. into, onto — in + acc.
76. near — prope + acc.
77. to, towards — ad + acc.

78. away from — a/ab + abl.
79. down from — de + abl.
80. for — pro + abl.
81. in, on — in + abl.
82. on behalf of — pro + abl.
83. about — de + abl.
84. out of — e/ex + abl.
85. with — cum + abl.
86. without — sine + abl.

Verbs

87.	build	aedifico, -are, -avi (1)			
88.	call	voco, -are, -avi (1)	115.	capture	capio, -ere, cepi (3½)
89.	carry	porto, -are, -avi (1)	116.	do	facio, -ere, feci (3½)
90.	enter	intro, -are, -avi (1)	117.	take	capio, -ere, cepi (3½)
91.	fight	pugno, -are, -avi (1)	118.	throw	iacio, -ere, ieci (3½)
92.	go in	intro, -are, -avi (1)			
93.	kill	neco, -are, -avi (1)	119.	come	venio, -ire, veni (4)
94.	like	amo, -are, -avi (1)	120.	find	invenio, -ire, inveni (4)
95.	look at	specto, -are, -avi (1)			
96.	love	amo, -are, -avi (1)	121.	be	sum, esse, fui (irreg)
97.	praise	laudo, -are, -avi (1)			
98.	prepare	paro, -are, -avi (1)	**Others**		
99.	shout	clamo, -are, -avi (1)	122.	always	semper
100.	walk	ambulo, -are, -avi (1)	123.	and	et
101.	watch	specto, -are, -avi (1)	124.	at last	tandem
			125.	at once	statim
102.	fear	timeo, -ere -ui (2)	126.	bravely	fortiter
103.	have	habeo, -ere, -ui (2)	127.	finally	tandem
104.	destroy	deleo, -ere delevi (2)	128.	however	tamen
105.	see	video, -ere, vidi (2)	129.	immediately	statim
106.	warn	moneo, -ere, -ui (2)	130.	never	numquam
			131.	not	non
107.	eat	consumo, -ere, consumpsi (3)	132.	often	saepe
108.	hand over	trado, -ere, tradidi (3)	133.	once	olim
109.	lead	duco, -ere, duxi (3)	134.	one day	olim
110.	place	pono, -ere, posui (3)	135.	slowly	lente
111.	put	pono, -ere, posui (3)	136.	soon	mox
112.	run	curro, -ere, cucurri (3)	137.	today	hodie
113.	send	mitto, -ere, misi (3)	138.	tomorrow	cras
114.	show	ostendo, -ere, ostendi (3)			

List 4a: Grammatical Terms

adjectives	These are words that describe nouns. e.g. *bonus* (good), *pulcher* (beautiful), *fortis* (brave).
adverbs	These are words which describe how, when or where something happens. e.g. *bene* (well), *statim* (immediately), *hic* (here).
antecedent	(= 'going before'). The word to which a relative pronoun refers. e.g. The boy, who was lazy, failed his exam. antecedent = boy; relative pronoun = who (referring to the boy)
cardinal number	*unus* (one), *duo* (two), *tres* (three) etc. Note carefully the difference between these and **ordinal** numbers.
case	nominative (subject), vocative (person spoken to), accusative (object), genitive (of), dative (to or for) or ablative (by, with, from).
comparative adjective	An adjective comparing something to something else: 'more....' e.g. *fortior* (braver). See also **positive adjective** and **superlative adjective.**
conjugation	A family of verbs which behave in the same way. e.g. *amo* (1) is in the first conjugation; *audio* (4) is in the fourth conjugation.
conjunction	A joining word. e.g. *et* (and), *sed* (but).
declension	A family of nouns which behave in the same way. e.g. *puella* (girl) is in the first declension; *servus* (slave) is in the second declension.
demonstrative adjective	An adjective which points something out. e.g. *ille* puer (that boy), hae puellae (these girls).
gender	Whether a noun or adjective is masculine, feminine or neuter.
imperative	An order. e.g. *audi!* (listen!), *amate!* (love!).
infinitive	A to-word, the second principal part of a verb, usually ending in *-re* in Latin. e.g. *amare* (to love). But beware of *esse* (to be).
noun	A person, place or thing
number	Whether a noun or verb is singular or plural.
ordinal number	*primus* (first), *secundus* (second), *tertius* (third) and so on. Note carefully the difference between these and **cardinal** numbers.
perfect participle passive	The **supine** with the final -m replaced with an -s. e.g. supine *amatum* gives the ppp *amatus* ('having been loved').
person	1st person singular = I; 2nd person singular = You 3rd person singular = He, She, It; 1st person plural = We; 2nd person plural = You; 3rd person plural = They
positive adjective	The usual dictionary form of an adjective, e.g. *bonus, pulcher, fortis, ingens*. See also **comparative adjective** and **superlative adjective**.
preposition	A little word like cum (with), ad (to, towards), in (in). In Latin, some prepositions are followed by accusative words, others by ablative words.

relative pronoun	The *qui, quae, quod* table.
superlative adjective	An adjective ending in *-issimus* or *-errimus*, meaning 'very' or 'most'. e.g. *fortissimus* (very brave, bravest). See also **positive adjective** and **comparative adjective**.
supine	The fourth principal part, ending in -um. e.g. *amatum*.
tense	This describes the time when something is happening. You have met five tenses in Level: present (happening now), imperfect (continuous action in the past) or perfect (a single, one-off action in the past), future (the will-tense), pluperfect (the had-tense).
verb	A doing word.
voice	Active (doing an action) or passive (undergoing an action). e.g. *amo* (I love) is in the active voice, but *amor* (I am loved) is in the passive voice.

List 4b: Nouns

4b.1 Summary of case usage

name of case	job	examples
nominative	subject (doer) of verb	**servus** laborat. *The <u>slave</u> is working.*
	with the verb *to be*	Marcus est **miles.** *Marcus is a <u>soldier</u>.*
vocative	person spoken to	**serve**, quid facis? *<u>Slave</u>, what are you doing?*
accusative	object (receiver) of verb	**servum** punio. *I am punishing the <u>slave</u>.*
	after prepositions like *ad*	ad **servum** currit. *He is running <u>towards the slave</u>.*
genitive	'of'	dominus **servi** est saevus. *The master <u>of the slave</u> is cruel.*
dative	'to', 'for'	pecuniam **servo** dat. *He gives money <u>to the slave</u>.*
ablative	'by', 'with', 'from'	puerum **gladio** vulnerat. *He wounds the boy <u>with his sword</u>.*
	after prepositions like *cum*	cum **servo** pugnat. *He is fighting <u>with the slave</u>.*

Some towns and small islands have what is called a **locative** case, indicating 'where'
e.g. Romae *in/at Rome*; Athenis *in/at Athens*.
For more details refer to pages 49-50.

4b.2 Summary of Nouns

Declension:	1	2	2	2	2
Gender:	f	m	m	m	n
	girl	*slave*	*boy*	*field*	*war*
SINGULAR					
nominative	puell**a**	serv**us**	pu**er**	ag**er**	bell**um**
vocative	puell**a**	serv**e**	pu**er**	ag**er**	bell**um**
accusative	puell**am**	serv**um**	puer**um**	agr**um**	bell**um**
genitive	puell**ae**	serv**i**	puer**i**	agr**i**	bell**i**
dative	puell**ae**	serv**o**	puer**o**	agr**o**	bell**o**
ablative	puell**a**	serv**o**	puer**o**	agr**o**	bell**o**
PLURAL	*girls*	*slaves*	*boys*	*fields*	*wars*
nominative	puell**ae**	serv**i**	puer**i**	agr**i**	bell**a**
vocative	puell**ae**	serv**i**	puer**i**	agr**i**	bell**a**
accusative	puell**as**	serv**os**	puer**os**	agr**os**	bell**a**
genitive	puell**arum**	serv**orum**	puer**orum**	agr**orum**	bell**orum**
dative	puell**is**	serv**is**	puer**is**	agr**is**	bell**is**
ablative	puell**is**	serv**is**	puer**is**	agr**is**	bell**is**

Declension:	3	3	3	5
Gender:	m/f	n	n	f
	king	*wound*	*sea*	*thing*
SINGULAR				
nominative	rex	vulnus	mare	r**es**
vocative	rex	vulnus	mare	r**es**
accusative	reg**em**	vulnus	mare	r**em**
genitive	reg**is**	vulner**is**	mar**is**	r**ei**
dative	reg**i**	vulner**i**	mar**i**	r**ei**
ablative	reg**e**	vulner**e**	mar**i**	r**e**
PLURAL	*kings*	*wounds*	*seas*	*things*
nominative	reg**es**	vulner**a**	mar**ia**	r**es**
vocative	reg**es**	vulner**a**	mar**ia**	r**es**
accusative	reg**es**	vulner**a**	mar**ia**	r**es**
genitive	reg**um**	vulner**um**	*does not exist!*	r**erum**
dative	reg**ibus**	vulner**ibus**	mar**ibus**	r**ebus**
ablative	reg**ibus**	vulner**ibus**	mar**ibus**	r**ebus**

(You will meet 4th declension nouns in Nova Latina Book 4!)

List 4c: Adjectives

4c.1: Adjectives in *-us*

e.g. bon**us**, *good*

	masculine	feminine	neuter
SINGULAR			
nominative	bon**us**	bon**a**	bon**um**
vocative	bon**e**	bon**a**	bon**um**
accusative	bon**um**	bon**am**	bon**um**
genitive	bon**i**	bon**ae**	bon**i**
dative	bon**o**	bon**ae**	bon**o**
ablative	bon**o**	bon**a**	bon**o**
PLURAL			
nominative	bon**i**	bon**ae**	bon**a**
vocative	bon**i**	bon**ae**	bon**a**
accusative	bon**os**	bon**as**	bon**a**
genitive	bon**orum**	bon**arum**	bon**orum**
dative	bon**is**	bon**is**	bon**is**
ablative	bon**is**	bon**is**	bon**is**

4c.2 Adjectives in *-er* (keeping the *e*)

e.g. mis**er**, *miserable*

	masculine	feminine	neuter
SINGULAR			
nominative	miser	miser**a**	miser**um**
vocative	miser	miser**a**	miser**um**
accusative	miser**um**	miser**am**	miser**um**
genitive	miser**i**	miser**ae**	miser**i**
dative	miser**o**	miser**ae**	miser**o**
ablative	miser**o**	miser**a**	miser**o**
PLURAL			
nominative	miser**i**	miser**ae**	miser**a**
vocative	miser**i**	miser**ae**	miser**a**
accusative	miser**os**	miser**as**	miser**a**
genitive	miser**orum**	miser**arum**	miser**orum**
dative	miser**is**	miser**is**	miser**is**
ablative	miser**is**	miser**is**	miser**is**

4c.3 Adjectives in -*er* (dropping the *e*)

e.g. pulch**er**, *beautiful*

	masculine	feminine	neuter
SINGULAR			
nominative	pulch**er**	pulch**ra**	pulch**rum**
vocative	pulch**er**	pulch**ra**	pulch**rum**
accusative	pulch**rum**	pulch**ram**	pulch**rum**
genitive	pulch**ri**	pulch**rae**	pulch**ri**
dative	pulch**ro**	pulch**rae**	pulch**ro**
ablative	pulch**ro**	pulch**ra**	pulch**ro**
PLURAL			
nominative	pulch**ri**	pulch**rae**	pulch**ra**
vocative	pulch**ri**	pulch**rae**	pulch**ra**
accusative	pulch**ros**	pulch**ras**	pulch**ra**
genitive	pulch**rorum**	pulch**rarum**	pulch**rorum**
dative	pulch**ris**	pulch**ris**	pulch**ris**
ablative	pulch**ris**	pulch**ris**	pulch**ris**

4c.4 Third Declension Adjectives in -*is*

e.g. fort**is** *brave, strong*

	masculine	feminine	neuter
SINGULAR			
nominative	fort**is**	fort**is**	fort**e**
vocative	fort**is**	fort**is**	fort**e**
accusative	fort**em**	fort**em**	fort**e**
genitive	fort**is**	fort**is**	fort**is**
dative	fort**i**	fort**i**	fort**i**
ablative	fort**i**	fort**i**	fort**i**
PLURAL			
nominative	fort**es**	fort**es**	fort**ia**
vocative	fort**es**	fort**es**	fort**ia**
accusative	fort**es**	fort**es**	fort**ia**
genitive	fort**ium**	fort**ium**	fort**ium**
dative	fort**ibus**	fort**ibus**	fort**ibus**
ablative	fort**ibus**	fort**ibus**	fort**ibus**

4c.5 Third Declension Adjectives in *-x*

e.g. audax, *bold*

	masculine	feminine	neuter
SINGULAR			
nominative	auda**x**	auda**x**	auda**x**
vocative	auda**x**	auda**x**	auda**x**
accusative	audac**em**	audac**em**	auda**x**
genitive	audac**is**	audac**is**	audac**is**
dative	audac**i**	audac**i**	audac**i**
ablative	audac**i**	audac**i**	audac**i**
PLURAL			
nominative	audac**es**	audac**es**	audac**ia**
vocative	audac**es**	audac**es**	audac**ia**
accusative	audac**es**	audac**es**	audac**ia**
genitive	audac**ium**	audac**ium**	audac**ium**
dative	audac**ibus**	audac**ibus**	audac**ibus**
ablative	audac**ibus**	audac**ibus**	audac**ibus**

4c.6 Third Declension Adjectives in *-ns*

e.g. inge**ns**, *huge*

	masculine	feminine	neuter
SINGULAR			
nominative	ingens	ingens	ingens
vocative	ingens	ingens	ingens
accusative	ingent**em**	ingent**em**	ingens
genitive	ingent**is**	ingent**is**	ingent**is**
dative	ingent**i**	ingent**i**	ingent**i**
ablative	ingent**i**	ingent**i**	ingent**i**
PLURAL			
nominative	ingent**es**	ingent**es**	ingent**ia**
vocative	ingent**es**	ingent**es**	ingent**ia**
accusative	ingent**es**	ingent**es**	ingent**ia**
genitive	ingent**ium**	ingent**ium**	ingent**ium**
dative	ingent**ibus**	ingent**ibus**	ingent**ibus**
ablative	ingent**ibus**	ingent**ibus**	ingent**ibus**

4c.7 Third declension adjectives in -er

e.g. cel**er** = *quick*

		masculine	feminine	neuter
singular	nominative	cel**er**	cel**er**	cel**ere**
	vocative	cel**er**	cel**er**	cel**ere**
	accusative	celer**em**	celer**em**	cel**ere**
	genitive	celer**is**	celer**is**	celer**is**
	dative	celer**i**	celer**i**	celer**i**
	ablative	celer**i**	celer**i**	celer**i**
plural	nominative	celer**es**	celer**es**	celer**ia**
	vocative	celer**es**	celer**es**	celer**ia**
	accusative	celer**es**	celer**es**	celer**ia**
	genitive	celer**ium**	celer**ium**	celer**ium**
	dative	celer**ibus**	celer**ibus**	celer**ibus**
	ablative	celer**ibus**	celer**ibus**	celer**ibus**

4c.8 Comparison of adjectives

Here are some examples:

	Positive	**Comparative**	**Superlative**
-us	Formation: altus *high*	stem + **ior** altior *higher*	stem + **issimus** altissimus *very high/highest*
-er	Formation: miser *miserable* pulcher *beautiful*	stem + **ior** miserior *more miserable* pulchrior *more beautiful*	positive + **rimus** miserrimus *very/most miserable* pulcherrimus *very/most beautiful*
-is -x -ns	Formation: fortis *brave* audax *daring* ingens *huge*	stem + **ior** fortior *braver* audacior *more daring* ingentior *more huge*	stem + **issimus** fortissimus *very brave/bravest* audacissimus *very/most daring* ingentissimus *very huge*
Note!	facilis *easy* difficilis *difficult*	facilior *easier* difficilior *more difficult*	facillimus *very easy/easiest* difficillimus *very/most difficult*

4c.9 Irregular Comparison of Adjectives

Positive	**Comparative**	**Superlative**
bonus *good* malus *bad* magnus *big* parvus *small* multus *much, many*	melior *better* peior *worse* maior *bigger* minor *smaller* plus *more* *(see note below)*	optimus *very good, best* pessimus *very bad, worst* maximus *very big, biggest* minimus *very small, smallest* plurimus *very many, most*

4c.10 Third declension comparative adjectives in *-or*

e.g. fort**or**, fort**oris** *braver*

		masculine	feminine	neuter
singular	nominative	fort**ior**	fort**ior**	fort**ius** (!)
	vocative	fort**ior**	fort**ior**	fort**ius** (!)
	accusative	fort**iorem**	fort**iorem**	fort**ius** (!)
	genitive	fort**ioris**	fort**ioris**	fort**ioris**
	dative	fort**iori**	fort**iori**	fort**iori**
	ablative	fort**iore**	fort**iore**	fort**iore**
plural	nominative	fort**iores**	fort**iores**	fort**iora**
	vocative	fort**iores**	fort**iores**	fort**iora**
	accusative	fort**iores**	fort**iores**	fort**iora**
	genitive	fort**iorum**	fort**iorum**	fort**iorum**
	dative	fort**ioribus**	fort**ioribus**	fort**ioribus**
	ablative	fort**ioribus**	fort**ioribus**	fort**ioribus**

4c.11 Note on *plus*

This is a bit of a one-off. As you can see, it does not end in *-or*. In the singular it exists as a noun, usually followed by a genitive. In the plural it exists as an adjective.

singular (noun)	nominative	plus
	vocative	plus
	accusative	plus
	genitive	pluris
	dative	*(does not exist)*
	ablative	plure

		masculine	feminine	neuter
plural (adjective)	nominative	plures	plures	plura
	vocative	plures	plures	plura
	accusative	plures	plures	plura
	genitive	plurium	plurium	plurium
	dative	pluribus	pluribus	pluribus
	ablative	pluribus	pluribus	pluribus

So: singular noun: more food = *plus cibi*   more money = *plus pecuniae*
      plural adjective: more soldiers = *plures milites*   more wars = *plura bella*

List 5: Pronouns

5.1 First Person Pronoun: *ego*

	singular		plural	
nominative	ego	*I*	nos	*we*
accusative	me	*me*	nos	*us*
genitive	mei	*of me/my*	nostrum	*of us/our*
dative	mihi	*to/for me*	nobis	*to/for us*
ablative	me	*(by) me*	nobis	*(by) us*
note:	mecum	*with me*	nobiscum	*with us*

5.2 Second Person Pronoun: *tu*

	singular		plural	
nominative	tu	*you*	vos	*you*
accusative	te	*you*	vos	*you*
genitive	tui	*of you/your*	vestrum	*of you/your*
dative	tibi	*to/for you*	vobis	*to/for you*
ablative	te	*(by) you*	vobis	*(by) you*
note:	tecum	*with you*	vobiscum	*with you*

5.3 Third person pronoun: *is, ea, id* (= he, she, it; that, those)

singular	masculine		feminine		neuter	
nominative	is	*he*	ea	*she*	id	*it*
accusative	eum	*him*	eam	*her*	id	*it*
genitive	eius	*his (of him)*	eius	*her (of her)*	eius	*of it*
dative	ei	*to/for him*	ei	*to/for her*	ei	*to/for it*
ablative	eo	*by him*	ea	*by her*	eo	*by it*
plural						
nominative	ei	*they*	eae	*they*	ea	*they*
accusative	eos	*them*	eas	*them*	ea	*them*
genitive	eorum	*their (of them)*	earum	*their (of them)*	eorum	*their (of them)*
dative	eis	*to/for them*	eis	*to/for them*	eis	*to/for them*
ablative	eis	*by them*	eis	*by them*	eis	*by them*

5.4 Third person reflexive pronoun

	singular		plural	
nominative		*(cannot exist)*		*(cannot exist)*
accusative	se	*himself/herself*	se	*themselves*
genitive	sui	*of himself/of herself*	sui	*of themselves*
dative	sibi	*to/for himself/herself*	sibi	*to/for themselves*
ablative	se	*(by) himself/herself*	se	*(by) themselves*
note:	secum	*with him/with her*	secum	*with them*

5.5 Summary of reflexive pronouns

	singular		plural	
1st person	me	*myself*	nos	*ourselves*
2nd person	te	*yourself*	vos	*yourselves*
3rd person	se	*himself/herself/itself*	se	*themselves*

5.6 The Relative Pronoun

qui, quae, quod = *who, which* etc.

SINGULAR	masculine	feminine	neuter	English
nominative	qui	quae	quod	*who, which*
accusative	quem	quam	quod	*whom,*
genitive	cuius	cuius	cuius	*which whose*
dative	cui	cui	cui	*to whom, to which*
ablative	quo	qua	quo	*(by) whom, by which*
PLURAL				
nominative	qui	quae	quae	*who, which*
accusative	quos	quas	quae	*whom, which*
genitive	quorum	quarum	quorum	*whose*
dative	quibus	quibus	quibus	*to whom*
ablative	quibus	quibus	quibus	*(by) whom, by which*

List 6: Other tables

6.1 Demonstrative adjective: *hic, haec, hoc* = this (plural: these)

		masculine	feminine	neuter
singular	nominative	hic	haec	hoc
	accusative	hunc	hanc	hoc
	genitive	huius	huius	huius
	dative	huic	huic	huic
	ablative	hoc	hac	hoc
plural	nominative	hi	hae	haec
	accusative	hos	has	haec
	genitive	horum	harum	horum
	dative	his	his	his
	ablative	his	his	his

6.2 Demonstrative adjective: *ille, illa, illud* = that (plural: those)

		masculine	feminine	neuter
singular	nominative	ille	illa	illud
	accusative	illum	illam	illud
	genitive	illius	illius	illius
	dative	illi	illi	illi
	ablative	illo	illa	illo
plural	nominative	illi	illae	illa
	accusative	illos	illas	illa
	genitive	illorum	illarum	illorum
	dative	illis	illis	illis
	ablative	illis	illis	illis

6.3 Demonstrative adjective: idem, eadem, idem = *the same*

(This behaves rather like the table of *is, ea, id* with a *-dem* stuck on to the end)

		masculine	feminine	neuter
singular	nominative	idem	eadem	idem
	accusative	eundem	eandem	idem
	genitive	eiusdem	eiusdem	eiusdem
	dative	eidem	eidem	eidem
	ablative	eodem	eadem	eodem
plural	nominative	eidem	eaedem	eadem
	accusative	eosdem	easdem	eadem
	genitive	eorundem	earumdem	eorundem
	dative	eisdem	eisdem	eisdem
	ablative	eisdem	eisdem	eisdem

6.4 Emphatic adjective: ipse, ipsa, ipsum = *-self*

		masculine	feminine	neuter
singular	nominative	ipse	ipsa	ipsum
	accusative	ipsum	ipsam	ipsum
	genitive	ipsius	ipsius	ipsius
	dative	ipsi	ipsi	ipsi
	ablative	ipso	ipsa	ipso
plural	nominative	ipsi	ipsae	ipsa
	accusative	ipsos	ipsas	ipsa
	genitive	ipsorum	ipsarum	ipsorum
	dative	ipsis	ipsis	ipsis
	ablative	ipsis	ipsis	ipsis

Verbs start on the next page!

List 7: Verbs

7.1: Summary of regular active verbs

	1 love	2 warn	3 rule	3½ take	4 hear
Present					
I	amo	moneo	rego	capio	audio
You (sg)	amas	mones	regis	capis	audis
He/She/It	amat	monet	regit	capit	audit
We	amamus	monemus	regimus	capimus	audimus
You (pl)	amatis	monetis	regitis	capitis	auditis
They	amant	monent	regunt	capiunt	audiunt
Imperfect					
I was ...ing	amabam	monebam	regebam	capiebam	audiebam
You (sg) were ...ing	amabas	monebas	regebas	capiebas	audiebas
He/She/It was ...ing	amabat	monebat	regebat	capiebat	audiebat
We were ...ing	amabamus	monebamus	regebamus	capiebamus	audiebamus
You (pl) were ...ing	amabatis	monebatis	regebatis	capiebatis	audiebatis
They were ...ing	amabant	monebant	regebant	capiebant	audiebant
Future					
I shall	amabo	monebo	regam	capiam	audiam
You (sg) will	amabis	monebis	reges	capies	audies
He/She/It will	amabit	monebit	reget	capiet	audiet
We shall	amabimus	monebimus	regemus	capiemus	audiemus
You (pl) will	amabitis	monebitis	regetis	capietis	audietis
They will	amabunt	monebunt	regent	capient	audient
Perfect					
I ...d	amavi	monui	rexi	cepi	audivi
You (sg) ...d	amavisti	monuisti	rexisti	cepisti	audivisti
He/She/It ...d	amavit	monuit	rexit	cepit	audivit
We ...d	amavimus	monuimus	reximus	cepimus	audivimus
You (pl) ...d	amavistis	monuistis	rexistis	cepistis	audivistis
They ...d	amaverunt	monuerunt	rexerunt	ceperunt	audiverunt
Pluperfect					
I had been	amaveram	monueram	rexeram	ceperam	audiveram
You (sg) had been	amaveras	monueras	rexeras	ceperas	audiveras
He/She/It had been	amaverat	monuerat	rexerat	ceperat	audiverat
We had been	amaveramus	monueramus	rexeramus	ceperamus	audiveramus
You (pl) had been	amaveratis	monueratis	rexeratis	ceperatis	audiveratis
They had been	amaverant	monuerant	rexerant	ceperant	audiverant
Infinitive *to...*	amare	monere	regere	capere	audire
Imperative sg	ama!	mone!	rege!	cape!	audi!
(command) pl	amate!	monete!	regite!	capite!	audite!

7.2 Summary of regular passive verbs

	1 *loved*	2 *warned*	3 *ruled*	3½ *taken*	4 *heard*
Present					
I am	amor	moneor	regor	capior	audior
You (sg) are	amaris	moneris	regeris	caperis	audiris
He/She/It is	amatur	monetur	regitur	capitur	auditur
We are	amamur	monemur	regimur	capimur	audimur
You (pl) are	amamini	monemini	regimini	capimini	audimini
They are	amantur	monentur	reguntur	capiuntur	audiuntur
Imperfect					
I was being	amabar	monebar	regebar	capiebar	audiebar
You (sg) were being	amabaris	monebaris	regebaris	capiebaris	audiebaris
He/She/It was being	amabatur	monebatur	regebatur	capiebatur	audiebatur
We were being	amabamur	monebamur	regebamur	capiebamur	audiebamur
You (pl) were being	amabamini	monebamini	regebamini	capiebamini	audiebamini
They were being	amabantur	monebantur	regebantur	capiebantur	audiebantur
Future					
I shall be	amabor	monebor	regar	capiar	audiar
You (sg) will be	amaberis	moneberis	regeris	capieris	audieris
He/She/It will be	amabitur	monebitur	regetur	capietur	audietur
We shall be	amabimur	monebimur	regemur	capiemur	audiemur
You (pl) will be	amabimini	monebimini	regemini	capiemini	audiemini
They will be	amabuntur	monebuntur	regentur	capientur	audientur
Perfect					
I was	amatus sum	monitus sum	rectus sum	captus sum	auditus sum
You (sg) were	amatus es	monitus es	rectus es	captus es	auditus es
He/She/It was	amatus est	monitus est	rectus est	captus est	auditus est
We were	amati sumus	moniti sumus	recti sumus	capti sumus	auditi sumus
You (pl) were	amati estis	moniti estis	recti estis	capti estis	auditi estis
They were	amati sunt	moniti sunt	recti sunt	capti sunt	auditi sunt
Pluperfect					
I had been	amatus eram	monitus eram	rectus eram	captus eram	auditus eram
You (sg) had been	amatus eras	monitus eras	rectus eras	captus eras	auditus eras
He/She/It had been	amatus erat	monitus erat	rectus erat	captus erat	auditus erat
We had been	amati eramus	moniti eramus	recti eramus	capti eramus	auditi eramus
You (pl) had been	amati eratis	moniti eratis	recti eratis	capti eratis	auditi eratis
They had been	amati erant	moniti erant	recti erant	capti erant	auditi erant
Infinitive *to be...*	amari	moneri	regi	capi	audiri

List 7: Verbs

7.3 *sum*, I am

	Present *am/is/are*	**Imperfect** *was/were*	**Perfect** *was/were*	**Future** *will be*	**Pluperfect** *had been*
I	sum	eram	fui	ero	fueram
You (sg)	es	eras	fuisti	eris	fueras
He/She/It	est	erat	fuit	erit	fuerat
We	sumus	eramus	fuimus	erimus	fueramus
You (pl)	estis	eratis	fuistis	eritis	fueratis
They	sunt	erant	fuerunt	erunt	fuerant

Infinitive ('to')	esse
Imperatives	
singular:	es/esto
plural:	este/estote

7.4 *possum*, I am able, can

	Present *can*	**Imperfect** *could*	**Perfect** *could*	**Future** *will be able*	**Pluperfect** *had been able*
I	possum	poteram	potui	potero	potueram
You (sg)	potes	poteras	potuisti	poteris	potueras
He/She/It	potest	poterat	potuit	poterit	potuerat
We	possumus	poteramus	potuimus	poterimus	potueramus
You (pl)	potestis	poteratis	potuistis	poteritis	potueratis
They	possunt	poterant	potuerunt	poterunt	potuerant

Infinitive (*to*)	posse

7.5 *eo*, I go

	Present *go*	**Imperfect** *was/were going*	**Perfect** *went*	**Future** *will go*	**Pluperfect** *had gone*
I	eo	ibam	ii *or* ivi	ibo	ieram / iveram
You (sg)	is	ibas	iisti / ivisti	ibis	ieras / iveras
He/She/It	it	ibat	iit / ivit	ibit	ierat / iverat
We	imus	ibamus	iimus / ivimus	ibimus	ieramus / iveramus
You (pl)	itis	ibatis	iistis / ivistis	ibitis	ieratis / iveratis
They	eunt	ibant	ierunt / iverunt	ibunt	ierant / iverant

infinitive:	ire *to go*
imperatives:	singular: i! plural: ite! *Go!*

7.6 volo, velle, volui – *I want*

	Present *want*	**Imperfect** *wanted*	**Perfect** *wanted*	**Future** *will want*	**Pluperfect** *had wanted*
I	volo	volebam	volui	volam	volueram
You (sg)	vis	volebas	voluisti	voles	volueras
He/She/It	vult	volebat	voluit	volet	voluerat
We	volumus	volebamus	voluimus	volemus	volueramus
You (pl)	vultis	volebatis	voluistis	voletis	volueratis
They	volunt	volebant	voluerunt	volent	voluerant
infinitive:	velle *to want*				

7.7 nolo, nolle, nolui – *I do not want, I refuse*

	Present *do not want*	**Imperfect** *did not want*	**Perfect** *did not want*	**Future** *will not want*	**Pluperfect** *had not wanted*
I	nolo	nolebam	nolui	nolam	nolueram
You (sg)	non vis	nolebas	noluisti	noles	nolueras
He/She/It	non vult	nolebat	noluit	nolet	noluerat
We	nolumus	nolebamus	noluimus	nolemus	nolueramus
You (pl)	non vultis	nolebatis	noluistis	noletis	nolueratis
They	nolunt	nolebant	noluerunt	nolent	noluerant
infinitive:	nolle *to be unwilling*				

7.8 fero, ferre, tuli, latum – *I bring, carry*

Active	**Present** *bring*	**Imperfect** *was/were bringing*	**Future** *will bring*	**Perfect** *brought*	**Pluperfect** *had brought*
I	fero	ferebam	feram	tuli	tuleram
You (sg)	fers	ferebas	feres	tulisti	tuleras
He/She/It	fert	ferebat	feret	tulit	tulerat
We	ferimus	ferebamus	feremus	tulimus	tuleramus
You (pl)	fertis	ferebatis	feretis	tulistis	tuleratis
They	ferunt	ferebant	ferent	tulerunt	tulerant

Passive	**Present** *am/is/are brought*	**Imperfect** *was/were being brought*	**Future** *will be brought*	**Perfect** *was brought*	**Pluperfect** *had been brought*
I	feror	ferebar	ferar	latus sum	latus eram
You (sg)	ferris	ferebaris	fereris	latus es	latus eras
He/She/It	fertur	ferebatur	feretur	latus est	latus erat
We	ferimur	ferebamus	feremus	lati sumus	lati eramus
You (pl)	ferimini	ferebamini	feremini	lati estis	lati eratis
They	feruntur	ferebantur	ferentur	lati sunt	lati erant

	Active singular / plural	**Passive** singular / plural
Imperatives	fer! / ferte! *bring! / bring!*	ferre! / ferimini! *be brought! / be brought!*
Infinitives	ferre *to bring*	ferri *to be brought*

Nova Latina Book 3

Latin CE Level 1 Revision Check-list

	topic	quick reminder	example	1st check ☹ ☺ ☻	2nd check ☹ ☺ ☻
nouns	1st declension	mostly f.	puella		
	2nd declension	m.	servus		
	2nd declension	m. (keeping the *e*)	puer		
	2nd declension	m. (dropping the *e*)	ager		
	2nd declension	n.	bellum		
verbs	present tense	*is/are* 1st conjugation	amo		
		2nd conjugation	moneo		
		3rd conjugation	rego		
		4th conjugation	audio		
		to be - irreg	sum		
verbs	imperfect tense	*was/were –ing, used to...* 1st	amabam		
		2nd conjugation	monebam		
		3rd conjugation	regebam		
		4th conjugation	audiebam		
		to be - irreg	eram		
verbs	perfect tense	single action in past 1st	amavi		
		2nd conjugation	monui		
		3rd conjugation	rexi		
		4th conjugation	audivi		
		to be - irreg	fui		
verbs	infinitives	*to*-words 1st	amare		
		2nd conjugation	monere		
		3rd conjugation	regere		
		4th conjugation	audire		
		to be - irreg	esse		
verbs	imperatives	commands 1st	ama, amate		
		2nd conjugation	mone, monete		
		3rd conjugation	rege, regite		
		4th conjugation	audi, audite		
		to be - irreg	es/esto, este/estote		
adjectives	-us	servus/puella/bellum endings	bonus		
	-er	keeping the *e*	miser		
	-er	dropping the *e*	pulcher		
pronouns	*I* and *you*	*ego* and *tu*	ego/nos, tu/vos		
numbers		1-10	unus - decem		
GRAMMAR	cases	*what do they mean?*	nominative		
			vocative		
			accusative		
			genitive		
			dative		
			ablative		
	persons	I/we	1st		
		you	2nd		
		he/she/it/they	3rd		
	number	singular			
		plural			
	questions	(on end of first word)	-ne ?		
+ vocabulary!					

Nova Latina Book 3

Latin CE Level 2 Revision Check-list

Level 1 list +:

	topic	quick reminder	example	1st check ☹ ☺ ☺	2nd check ☹ ☺ ☺
nouns	3rd decl m/f		rex, regis		
	3rd decl n		vulnus, vulneris		
verbs	future 1st/2nd	'will' tense	-bo, -bis, -bit		
	future 3rd/4th	'will' tense	-am, -es, -et		
	future, *to be*		ero, eris, erit		
	pluperfect	'had' tense	amaveram		
	possum	I am able	possum		
adjectives	3rd decl	in -is	fortis		
		in -x	audax		
		in -ns	ingens		
		in -ior	fortior, *braver*		
	comparison	-ior + quam	fortior, *braver*		
	irregular comparison		bonus		
			malus		
			magnus		
			parvus		
			multus		
pronouns	he, she, it	is, ea, id			
	I	ego			
	You	tu			
	reflexives	se			
questions	nonne	expecting a yes	nonne pugnas?		
	num	expecting a no	num pugnas?		
prohibitions	noli/nolite + infinitive	do not...!	noli currere!		
numbers	11-20				
+ vocabulary!					

Nova Latina Book 3

Latin CE Level 3 Revision Check-list

Level 1 list + Level 2 list + :

	topic	quick reminder	example	1st check ☹ 😐 ☺	2nd check ☹ 😐 ☺
nouns	5th decl f	nouns in -es	res		
verbs	passive voice	present	amor		
		imperfect	amabar		
		future	amabor		
		perfect	amatus sum		
		pluperfect	amatus eram		
	passive infinitives	e.g. to be loved	amari		
	irregulars	I am able	possum		
		I go	eo		
		I wish	volo		
		I do not wish	nolo		
		I bring, carry	fero		
adjectives	3rd decl in -er	quick	celer		
	demonstrative	this/these	hic haec hoc		
	demonstrative	that/those	ille illa ilud		
	demonstrative	the same	idem		
	emphatic	-self	ipse		
pronouns	relative pronoun	who, which etc.	qui quae quod		
time	acc of time	for how long	multos annos		
	abl of time	when	decimo anno		
place	no prepositions	locative case	Romae		
numbers	cardinal	30 - 100	triginta etc.		
	ordinal	1st - 10th	primus etc.		
indirect statements		acc and infin	VAN + that		
+ vocabulary!					

List 8: English-Latin Quick Reference

sg. = singular   pl. = plural   abl. = ablative   acc. = accusative   infin. = infinitive   irreg. = irregular   perf. = perfect   imperf. = imperfect

abandon	relinquo, -ere, reliqui, relictum (3)
able, be	possum, posse, potui (irreg.)
about	de + abl.
above	super + abl.
across	trans + acc.
affair	res, rei f.
after	post + acc.; postquam
afterwards	postea
again	iterum
against	contra + acc.
alive	vivus, -a, -um
all	omnis, -is, -e
ally	socius, -i m.
almost	paene
alone	solus, -a, -um
along	per + acc.
already	iam
also	etiam; quoque
although	quamquam
always	semper
am	sum, esse, fui (irreg.)
am away	absum, abesse, afui (irreg.)
among	inter + acc.
am present	adsum, adesse, adfui (irreg.)
and	et; -que
and... not	nec; neque
and so	itaque
anger	ira, -ae f.
angry	iratus, -a, -um
animal	animal, animalis n.
announce	nuntio, -are (1)
answer	respondeo, -ere, respondi, responsum (2)
approach	appropinquo, -are, appropinquavi (1)
arms (= weapons)	arma, -orum n. pl.
around	circum + acc.
arrive	advenio, -ire, adveni, adventum (4)
arrogant	superbus, -a, -um
arrow	sagitta, -ae f.
ask, ask for	rogo, -are (1)
at last	tandem
attack	oppugno, -are (1)
away from	a/ab + abl.
bad	malus, -a, -um
battle	proelium, -i n.
be	sum, esse, fui (irreg.)
beat	supero, -are (1); vinco, -ere, vici, victum (3)
beautiful	pulcher, -chra, -chrum
because	quod
because of	propter + acc.
before	ante + acc.; antequam
believe	credo, -ere, credidi, creditum + dat. (3)
between	inter + acc.
be wrong	erro, -are (1)
big	magnus, -a, -um
body	corpus, corporis n.
bold	audax, audacis
book	liber, libri m.
both ... and ...	et ... et ...
boy	puer, pueri m.
brave	fortis, -is, -e
bravely	fortiter
bravery	virtus, virtutis f.
bright	clarus, -a, -um
bring	fero, ferre, tuli, latum (irreg.)
brother	frater, fratris m.
build	aedifico, -are (1)
business	res, rei f.
but	sed
by chance	forte
call	voco, -are (1)
can (= be able)	possum, posse, potui (irreg.)
capture	capio, -ere, cepi, captum (3½)
carry	porto, -are (1); fero, ferre, tuli, latum (irreg.)
carry on	gero, -ere, gessi, gestum (3)
catch sight of	conspicio, -ere, conspexi, conspectum (3½)
chance, by	forte
charge	ruo, -ere, rui, rutum (3)
chieftain	princeps, principis m.
children	liberi, liberorum m. pl.
choose	lego, -ere, legi, lectum (3)
citizen	civis, -is m.
city	urbs, urbis f.
clear	clarus, -a, -um
collect	colligo, -ere, collegi, collectum (3)
come	venio, -ire, veni, ventum (4)
companion	comes, comitis m.
comrade	socius, -i m.

conquer	vinco, -ere, vici, victum (3); supero, -are (1)
could (= was able)	possum, posse, potui (irreg.)
country	patria, -ae f.
courage	virtus, virtutis f.
cross	transeo, transire, transii, transitum (irreg.)
crowd	turba, -ae f.
cruel	crudelis, -is, -e
danger	periculum, -i n.
daring	audax, audacis
daughter	filia, -ae f.
day	dies, diei m.
dead	mortuus, -a, -um
dear	carus, -a, -um
death	mors, mortis f.
decide	constituo, -ere, constitui, constitutum (3)
deep	altus, -a, -um
defend	defendo, -ere, defendi, defensum (3)
delay	mora, -ae f.
depart	discedo, -ere, -cessi, -cessum (3)
destroy	deleo, -ere, delevi, deletum (2)
die	pereo, perire, perii (irreg.)
difficult	difficilis, -is, -e
dinner	cena, -ae f.
do	facio, -ere, feci, factum (3½)
do not …!	noli (sg.) / nolite (pl.) + infin.
down from	de + abl.
drink	bibo, -ere, bibi, bibitum (3)
drive	pello, -ere, pepuli, pulsum (3)
easy	facilis, -is, -e
eat	consumo, -ere, -sumpsi, consumptum (3)
eight	octo
eighteen	duodeviginti
eighth	octavus, -a, -um
eight	oct0ginta
eleven	undecim
enemy	hostes, hostium m. pl.
enter	intro, -are (1); ineo, inire, inii, initum (irreg.)
entire	totus, -a, -um
escape	effugio, -ere, effugi (3½)
especially	magnopere
even	etiam
every	omnis, -is, -e
everyone	omnes (m. pl.)
everything	omnia (n. pl.)
evil	malus, -a, -um
ex-slave	libertus, -i m.
faith	fides, fidei f.
famous	clarus, -a, -um
farmer	agricola, -ae m.
father	pater, patris m.
fear	timeo, -ere, timui (2)
few	pauci, -ae, -a (pl.)
field	ager, agri m.
fifteen	quindecim
fifth	quintus, -a, -um
fifty	quinquaginta
fight	pugno, -are (1)
finally	tandem
find	invenio, -ire, inveni, inventum (4)
first	primus, -a, -um
five	quinque
flee	fugio, -ere, fugi (3½)
food	cibus, -i m.
for	nam
for (= on behalf of)	pro + abl.
for a long time	diu
force	cogo, -ere, coegi, coactum (3)
forces	copiae, -arum f. pl.
forest	silva, -ae f.
form a plan	consilium capio, -ere, cepi, captum (3½)
forty	quadraginta
fourteen	quattuordecim
fourth	quartus, -a, -um
fortunate	felix, felicis
forum	forum, -i n.
four	quattuor
free (= set free)	libero, -are (1)
freedman	libertus, -i m.
friend	amicus, -i m.
frighten	terreo, -ere, terrui, territum (2)
from	a/ab + abl.
garden	hortus, -i m.
general	dux, ducis m.
girl	puella, -ae f.
gift	donum, -i n.
give	do, dare, dedi, datum (1)
go	eo, ire, ii/ivi, itum (irreg.)
go across	transeo, transire, transii, transitum (irreg.)
go back	redeo, redire, redii, reditum (irreg.)
god	deus, -i m.
goddess	dea, -ae f.

go in	intro, -are (1); ineo, inire, inii, initum (irreg.)	javelin	telum, -i n.
gold	aurum, -i n.	journey	iter, itineris n.
good	bonus, -a, -um	kill	neco, -are (1); occido, -ere, occidi, occisum (3); interficio, -ere, -feci, -fectum (3½)
go to	adeo, adire, adii (irreg.)		
go out	exeo, -ire, exii, exitum (irreg.)		
great	magnus, -a, -um	king	rex, regis m.
greatly	magnopere	know	scio, -ire, scivi, scitum (4)
Greece	Graecia, -ae f.		
Greek	Graecus, -a, -um	land	terra, -ae f.
greet	saluto, -are (1)	laugh	rideo, ere, risi, risum (2)
ground	terra, -ae f.	lead	duco, -ere, duxi, ductum (3)
guard (noun)	custos, custodis m.	lead back	reduco, -ere, reduxi, reductum (3)
guard (verb)	custodio, -ire, -ivi, -itum (4)		
		leader	dux, ducis m.
hand over	trado, -ere, tradidi, traditum (3)	leave behind	relinquo, -ere, reliqui, relictum (3)
handsome	pulcher, -chra, -chrum	letter	epistula, -ae f.
happy	laetus, -a, -um	light	lux, lucis f.
have	habeo, -ere, habui, habitum (2)	like	amo, -are (1)
		listen/listen to	audio, -ire, audivi, auditum (4)
have to	debeo, -ere, debui, debitum (2)	little	parvus, -a, -um
		live	habito, -are (1)
hear	audio, -ire, audivi, auditum (4)	long	longus, -a, -um
help (noun)	auxilium, -i n.	look at	specto, -are (1)
help (verb)	iuvo, -are, iuvi, iutum (1)	love	amo, -are (1)
her (own)	suus, -a, -um	lucky	felix, felicis
here	hic		
herself	se	maidservant	ancilla, -ae f.
high	altus, -a, -um	make	facio, -ere, feci, factum (3½)
himself	se	make a mistake	erro, -are (1)
his (own)	suus, -a, -um	make for	peto, -ere, petivi, petitum (3)
hold	teneo, -ere, tenui, tentum (2)	man	vir, viri m.; homo, hominis m.
holy	sacer, sacra, sacrum	many	multus, -a, -um
homeland	patria, -ae f.	march (noun)	iter, itineris n.
hope	spes, spei f.	march (verb)	iter facio, -ere, feci, factum (3½); contendo, -ere, -tendi, -tentum (3)
horse	equus, -i m.		
house	villa, -ae f.		
however	tamen; autem	market place	forum, -i n.
huge	ingens, ingentis	master	dominus, -i m.
hundred, a	centum	matter	res, rei f.
hurry	festino, -are (1); contendo, -ere, -tendi, -tentum (3)	meal	cena, -ae f.
		meanwhile	interea
husband	maritus, -i m.	meet	convenio, -ire, -veni, -ventum (4)
I	ego	messenger	nuntius, -i m.
immediately	statim	middle of	medius, -a, -um
in	in + abl.	mine	meus, -a, -um
inhabitant	incola, -ae m.	miserable	miser, misera, miserum
in this way	sic	missile	telum, -i n.
into	in + acc.	mistake, make a	erro, -are (1)
in vain	frustra	mistress	domina, -ae f.
island	insula, -ae f.	money	pecunia, -ae f.
		mother	mater, matris f.

mountain	mons, montis m.	proud	superbus, -a, -um
move	moveo, -ere, movi, motum (2)	punish	punio, -ire, punivi, punitum (4)
much	multus, -a, -um		
must	debeo, -ere, debui, debitum (2)	put	pono, -ere, posui, positum (3)
my	meus, -a, -um	queen	regina, -ae f.
		(question)	-ne
name	nomen, nominis n.	quick	celer, celeris
near	prope + acc.	quickly	celeriter
nearly	paene		
never	numquam		
next	deinde	race	gens, gentis f.
night	nox, noctis f.	read	lego, -ere, legi, lectum (3)
nine	novem	receive	accipio, -ere, accepi, acceptum (3½)
nineteen	undeviginti		
ninety	nonaginta	refuse	volo, velle, volui (irreg.)
ninth	nonus, -a, -um	remain	maneo, -ere, mansi, mansum (2)
noble	nobilis, -is, -e		
noone	nemo	reply	respondeo, -ere, respondi, responsum (2)
nor	nec; neque		
not	non	rest of, the	ceteri, -ae, -a (pl.)
nothing	nihil	return	redeo, redire, redii, reditum (irreg.)
not want	volo, velle, volui (irreg.)		
now	iam; nunc	reward	praemium, -i n.
		river	flumen, fluminis n.
often	saepe	road	via, -ae f.
old man	senex, senis m.	Roman	Romanus, -a, -um
on	in + abl.	Rome	Roma, -ae f.
on account of	propter + acc.	rule	rego, -ere, regi, rectum (3)
one	unus	run	curro, -ere, cucurri, cursum (3)
one day	olim		
onto	in + acc.	run away	fugio, -ere, fugi (3½)
or	aut		
order	iubeo, -ere, iussi, iussum (2)	sacred	sacer, sacra, sacrum
other	alius, alia, aliud	sad	tristis, -is, -e
our	noster, -tra, -trum	safe	tutus, -a, -um
out of	e/ex + abl.	said, he/she	inquit
overcome	supero, -are (1); vinco, -ere, vici, victum (3)	said, they	inquiunt
		sail	navigo, -are (1)
		sailor	nauta, -ae m.
parent	parens, parentis m./f.	savage	saevus, -a, -um
part	pars, partis f.	save	servo, -are (1)
perish	pereo, perire, perii (irreg.)	say	dico, -ere, dixi, dictum (3)
person	homo, hominis m.	says, he/she	inquit
place	locus, -i m.	say, they	inquiunt
plan	consilium, -n.	sea	mare, maris n.
play	ludo, -ere, lusi, lusum (3)	second	secundus, -a, -um
poet	poeta, -ae m.	see	video, -ere, vidi, visum (2)
praise	laudo, -are (1)	seek	peto, -ere, petivi, petitum (3)
prepare	paro, -are (1)	seize	occupo, -are (1)
present	donum, -i n.	-self	ipse, ipsa, ipsum
present, be	adsum, adesse, adfui (irreg.)	send	mitto, -ere, misi, missum (3)
prisoner	captivus, -i m.	set free	libero, -are (1)
prize	praemium, -i n.	seven	septem

seventeen	septendecim	thirteen	tredecim
seventh	septimus, -a, -um	thirty	triginta
seventy	septuaginta	this	hic, haec, hoc
shield	scutum, -i n.	thousand, a	mille
ship	navis, -is f.	three	tres
shout (noun)	clamor, clamoris m.	through	per + acc.
shout (verb)	clamo, -are (1)	throw	iacio, -ere, ieci, iactum (3½)
show	ostendo, -ere, ostendi, ostentum (3)	thus	sic
		tired	fessus, -a, -um
sing	canto, -are (1)	to	ad + acc.
sister	soror, sororis f.	today	hodie
six	sex	tomorrow	cras
sixteen	sedecim	towards	ad + acc.
sixth	sextus, -a, -um	town	oppidum, -i n.
sixty	sexaginta	travel	iter facio, -ere, feci, factum (3½)
sky	caelum, -i n.		
slave	servus, -i m.	tribe	gens, gentis f.
slavegirl	ancilla, -ae f.	Trojan	Troianus, -a, -um
sleep (noun)	somnus, -i m.	troops	copiae, -arum f. pl.
sleep (verb)	dormio, -ire, -ivi, -itum (4)	Troy	Troia, -ae f.
slowly	lente	trust (noun)	fides, fidei f.
small	parvus, -a, -um	trust (verb)	credo, -ere, credidi, creditum + dat. (3)
soldier	miles, militis m.		
son	filius, -i m.	twelve	duodecim
soon	mox	twenty	viginti
spear	hasta, -ae f.; telum, -i n.	two	duo
stand	sto, stare, steti, statum (1)		
stay	maneo, -ere, mansi, mansum (2)	under	sub + abl.
		unhappy	miser, misera, miserum
storm	tempestas, tempestatis f.		
street	via, -ae f.	vain, in	frustra
strong	validus, -a, -um	villa	villa, -ae f.
suddenly	subito	voice	vox, vocis f.
surely?	nonne?		
surely … not?	num?	wage (a war)	gero, -ere, gessi, gestum (3)
sword	gladius, -i m.	wait for	exspecto, -are (1)
		walk	ambulo, -are (1)
take	capio, -ere, cepi, captum (3½)	wall	murus, -i m.
task	opus, operis n.	wander	erro, -are (1)
teacher	magister, -tri m.	want	cupio, -ere, cupivi, cupitum (3½); volo, velle, volui (irreg.)
tell	narro, -are (1)		
temple	templum, -i n.	war	bellum, -i n.
ten	decem	warn	moneo, -ere, monui, monitum (2)
tenth	decimus, -a, -um		
than	quam	watch	specto, -are (1)
that	(use table of *is, ea, id*)	water	aqua, -ae f.
their (own)	suus, -a, -um	wave	unda, -ae f.
themselves	se	way	via, -ae f.
then	deinde; tum	weapons	arma, -orum n. pl.
there	ibi	we	nos
therefore	igitur; itaque	well	bene
these	see *this*	well known	notus, -a, -um
thing	res, rei f.	what?	quid?
third	tertius, -a, -um	when	ubi

where?	ubi?	word	verbum, -i n.
which	qui, quae, quod	work (noun)	labor, laboris m.
while	dum	work (verb)	laboro, -are (1)
who	qui, quae, quod	wound (noun)	vulnus, vulneris n.
who?	quis?	wound (verb)	vulnero, -are (1)
whole of	totus, -a, -um	wretched	miser, misera, miserum
why?	cur?	write	scribo, -ere, scripsi, scriptum (3)
wicked	malus, -a, -um		
wife	uxor, uxoris f.	wrong, be	erro, -are (1)
wind	ventus, -i m.		
wine	vinum, -i n.	year	annus, -i m.
wise	sapiens, sapientis	yesterday	heri
wish	cupio, -ere, cupivi, cupitum (3½); volo, velle, volui (irreg.)	you (sg.)	tu
		you (pl.)	vos
with	cum + abl.	young man	iuvenis, -is m.
without	sine + abl.	your (sg.)	tuus, -a, -um
wood	silva, -ae f.	your (pl.)	vester, -tra, -trum
woman	femina, -ae f.; mulier, mulieris f.		

List 9: Latin-English Quick Reference

sg. = singular   pl. = plural   abl. = ablative   acc. = accusative   infin. = infinitive   irreg. = irregular   perf. = perfect   imperf. = imperfect

a/ab + abl.	away from
abera-	(imperf. of *absum*)
adeo, adire, adii (irreg.)	I go to
adera-	(imperf. of *adsum*)
adfu-	(perf. of *adsum*)
absum, abesse, afui (irreg.)	I am away
accep-	(perf. of *accipio*)
accipio, -ere, accepi, acceptum (3½)	I receive
ad + acc.	to, towards
adsum, adesse, adfui (irreg.)	I am present
aedifico, -are (1)	I build
afu-	(perf. of *absum*)
ager, agri m.	field
agricola, -ae m.	farmer
alius, alia, aliud	other
altus, -a, -um	high, deep
ambulo, -are (1)	I walk
amicus, -i m.	friend
amo, -are (1)	I like, love
ancilla, -ae f.	maidservant
animal, animalis n.	animal
annus, -i m.	year
aqua, -ae f.	water
audax, audacis	bold, daring
audio, -ire, -ivi, -itum (4)	I hear, listen to
aurum, -i n.	gold
aut	or
auxilium, -i n.	help
bellum, -i n.	war
bene	well
bibo, -ere, bibi, bibitum (3)	I drink
bonus, -a, -um	good
caelum, -i n.	sky
canto, -are (1)	I sing
capio, -ere, cepi, captum (3½)	I take, capture
captivus, -i m.	prisoner
celer, celeris	quick
cena, -ae f.	dinner, meal
centum	a hundred
cep-	(perf. of *capio*)
cibus, -i m.	food
clamo, -are (1)	I shout
clarus, -a, -um	famous, bright, clear
cogo, -ere, coegi, coactum (3)	force
consilium, -i n.	plan
constituo, -ere, constitui, constitutum (3)	I decide
consumo, -ere, -sumpsi, -sumptum (3)	I eat
contendo, -ere, -tendi, -tum (3)	I march, hurry
contra + acc.	against
convenio, -ire, -veni, -ventum (4)	I meet
credo, -ere, credidi, creditum + dat. (3)	I believe
cucurr-	(perf. of *curro*)
cum + abl.	with
cupio, -ere, cupivi, cupitum (3½)	I want
cur?	why?
curro, -ere, cucurri, cursum (3)	I run
custodio, -ire, -ivi, -itum (4)	I guard
custos, custodis m.	guard
dat-	see *do*
de + abl.	down from, about
dea, -ae f.	goddess
decem	ten
decimus, -a, -um	tenth
ded-	(perf. of *do*)
deinde	then, next
deleo, -ere, delevi, deletum (2)	I destroy
deus, -i m.	god
dico, -ere, dixi, dictum (3)	I say
dies, diei m.	day
discedo, -ere, -cessi (3)	I depart
diu	for a long time
dix-	(perf. of *dico*)
do, dare, dedi, datum (1)	I give
domina, -ae f.	mistress
dominus, -i m.	master
dormio, -ire, dormivi, dormitum (4)	I sleep
duco, -ere, duxi, ductum (3)	I lead
duo	two
dum	while
dux-	(perf. of *duco*)
e/ex + abl.	out of
ego	I
eo, ire, ii/ivi, itum (irreg.)	I go
epistula, -ae f.	letter
equus, -i m.	horse
era-	(imperf. of *sum*)
et	and
etiam	also, even
exeo, -ire, exii, exitum (irreg.)	I go out
facio, -ere, feci, factum (3½)	I do, make
fec-	(perf. of *facio*)
femina, -ae f.	woman
fero, ferre, tuli, latum (irreg.)	I bring, carry
fessus, -a, -um	tired
festino, -are (1)	I hurry

fides, fidei f.	faith, trust	liber, libri m.	book
filia, -ae f.	daughter	libertus, -i m.	freedman, ex-slave
filius, -i m.	son	locus -i m.	place
fortiter	bravely	ludo, -ere, lusi, lusum (3)	I play
forum, -i n.	forum, market place	lus-	(perf. of *ludo*)
fu-	(perf. of *sum*)		
gens, gentis f.	race, tribe	magister, -tri m.	teacher
gladius, -i m.	sword	magnopere	greatly, especially
Graecia, -ae f.	Greece	magnus, -a, -um	big, great
Graecus, -a, -um	Greek	malus, -a, -um	bad, evil, wicked
		maneo, -ere mansi, mansum (2)	I stay, remain
habeo, -ere, habui, habitum (2)	I have	mans-	(perf. of *maneo*)
habito, -are (1)	I live	maritus, -i m.	husband
hasta, -ae f.	spear	meus, -a, -um	my, mine
hic	here	mille	a thousand
hic, haec, hoc	this pl. these	mis-	(perf. of *mitto*)
hora, -ae f.	hour	miser, misera, miserum	wretched, unhappy
hortus, -i m.	garden	mitto, -ere, misi, missum (3)	I send
		moneo, -ere, monui, monitum (2)	I warn
		moveo, -ere, movi, motum (2)	I move
iacio, -ere, ieci, iactum (3½)	I throw	mox	soon
iam	now, already	multus, -a, -um	much, many
ibi	there	murus, -i m.	wall
idem, eadem, idem	the same	nauta, -ae m.	sailor
iec-	(perf. of *iacio*)	navigo, -are (1)	I sail
igitur	therefore	-ne?	(indicates a question)
ille, illa, illud	that pl. those	nec	nor; and... not
in + abl.	in, on	neco, -are (1)	I kill
in + acc.	into, onto	neque	nor; and... not
incola, -ae m.	inhabitant	noct-	see *nox*
ineo, inire, inii, initum (irreg.)	I go in	nolo, nolle, nolui (irreg.)	I do not want, refuse
insula, -ae f.	island	non	not
interea	meanwhile	nonaginta	ninety
interficio, -ere, -feci, -fectum (3½)	I kill	nonus, -a, -um	ninth
intro, -are (1)	I enter, go in	nos	we
ipse, ipsa, ipsum	-self (emphatic)	noster, -tra, -trum	our
ira, -ae f.	anger	notus, -a, -um	well known
iratus, -a, -um	angry	novem	nine
itaque	and so, therefore	nox, noctis f.	night
iterum	again	numquam	never
iubeo, -ere, iussi, iussum (2)	I order	nuntius, -i m.	messenger
iuss-	(perf. of *iubeo*)		
iuvo, -are, iuvi, iutum (1)	I help	octavus, -a, -um	eighth
		octo	eight
labor, laboris m.	work	octoginta	eighty
laboro, -are (1)	I work	olim	one day
laetus, -a, -um	happy	oppidum, -i n.	town
lat-	(supine of *fero*)	oppugno, -are (1)	I attack
laudo, -are (1)	I praise	opus, operis n.	task
lego, -ere, legi, lectum (3)	I read, choose	ostendo, -ere, ostendi, ostentum (3)	I show
lente	slowly		

paene	almost
paro, -are (1)	I prepare
parvus, -a, -um	small, little
patria, -ae f.	homeland, country
pecunia, -ae f.	money
pello, -ere, pepuli, pulsum (3)	I drive
per + acc.	through, along
pereo, perire, perii, peritum (irreg.)	I perish
periculum, -i n.	danger
peto, -ere, petivi, petitum (3)	I seek, go for
poeta, -ae m.	poet
pono, -ere, posui, positum (3)	I put
porto (1)	I carry
posit-	see *pono*
posu-	(perf. of *pono*)
praemium, -i n.	prize, reward
primus, -a, -um	first
princeps, principis m.	chieftain
proelium, -i n.	battle
prope + acc.	near
puella, -ae f.	girl
puer, pueri m.	boy
pugno, -are (1)	I fight
pulcher, -chra, -chrum	beautiful, handsome
quadraginta	forty
quartus, -a, -um	fourth
quattuor	four
qui, quae, quod	who, which
quid?	what?
quinquaginta	fifty
quinque	five
quintus, -a, -um	fifth
quis?	who?
quod	because
redeo, redire, redii, reditum (irreg.)	I return, go back
regina, -ae f.	queen
rego, -ere, rexi, rectum (3)	I rule
relinquo, -ere, reliqui, relictum (3)	I abandon
res, rei f.	thing, affair, matter
respondeo, -ere, respondi, responsum (2)	I answer, reply
rex-	(perf. of *rego*)
rideo, -ere, risi, risum (2)	I laugh
ris-	(perf. of *rideo*)
rogo, -are (1)	I ask, ask for
Roma, -ae f.	Rome
Romanus, -a, -um	Roman
sacer, sacra, sacrum	holy, sacred
saepe	often
saevus, -a, -um	savage
sagitta, -ae f.	arrow
scio, -ire, scivi, scitum (4)	I know
scribo, -ere, scripsi, scriptum (3)	I write
scrips-	(perf. of *scribo*)
scutum, -i n.	shield
secundus, -a, -um	second
sed	but
semper	always
septem	seven
septimus, -a, -um	seventh
septuaginta	seventy
servus, -i m.	slave
sex	six
sexaginta	sixty
sextus, -a, -um	sixth
sic	thus, in this way
silva, -ae f.	wood, forest
socius, -i m.	ally, comrade
somnus, -i m.	sleep
specto, -are (1)	I look at, watch
spes, spei f.	hope
statim	immediately
stet-	(perf. of *sto*)
sto, stare, steti, statum (1)	I stand
subito	suddenly
sum, esse, fui (irreg.)	I am
superbus, a, -um	proud, arrogant
supero, -are (1)	I overcome, beat
suus, -a, -um	his/her/their own
tamen	however
tandem	finally, at last
telum, -i n.	spear, javelin
tempestas, tempestatis f.	storm
templum, -i n.	temple
teneo, -ere, tenui, tentum (2)	I hold
terra, -ae f.	land, ground
terreo, -ere, terrui, territum (2)	I frighten
tertius, -a, -um	third
timeo, -ere, timui (2)	I fear
totus, -a, -um	whole, entire
trans + acc.	across
transeo, transire, transii, transitum (irreg.)	I cross
tres	three
triginta	thirty
Troia, -ae f.	Troy
Troianus, -a, -um	Trojan
tu	you (sg.)
tul-	(perf. of *fero*)
turba, -ae f.	crowd
tutus, -a, -um	safe
tuus, -a, -um	your (sg.)

ubi	when	video, -ere, vidi, visum (2)	I see
ubi?	where?	villa, -ae f.	villa, house
unda, -ae f.	wave	vinum, -i n.	wine
unus	one	vir, viri m.	man
		voco, -are (1)	I call
validus, -a, -um	strong	volo, velle, volui (irreg.)	I want
venio, -ire, veni, ventum (4)	I come	vos	you (pl.)
ventus, -i m.	wind	vox, vocis f.	voice
verbum, -i n.	word	vulnero, -are (1)	I wound
vester, -tra, -trum	your (pl.)	vulnus, vulneris n.	wound
via, -ae f.	road, street, way		

Printed in Great Britain
by Amazon